家教之道

孙云晓　陶继新　著

教育家精神传习录

总顾问　顾明远

山东教育出版社
·济南·

图书在版编目（CIP）数据

家教之道 / 孙云晓，陶继新著. --济南：山东教
育出版社，2025. 5. --（教育家精神传习录）. --ISBN
978-7-5701-3692-6

Ⅰ. G78

中国国家版本馆 CIP 数据核字第 20257VF105 号

选题策划：周红心
责任编辑：苏文静
责任校对：付　羽
装帧设计：闫　姝

JIAJIAO ZHI DAO

家教之道

孙云晓　陶继新　著

主管单位：山东出版传媒股份有限公司
出版发行：山东教育出版社
　　　　　地址：济南市市中区二环南路 2066 号 4 区 1 号　　邮编：250003
　　　　　电话：（0531）82092660　　网址：www.sjs.com.cn
印　　刷：济南鲁艺彩印有限公司
版　　次：2025 年 5 月第 1 版
印　　次：2025 年 5 月第 1 次印刷
开　　本：710 毫米 × 1000 毫米　1/16
印　　张：9.25
字　　数：124 千
定　　价：46.00 元

（如印装质量有问题，请与印刷厂联系调换）印厂电话：0531-88665353

总序

　　教师是立教之本、兴教之源。习近平总书记提出并全面阐释的教育家精神，体现了对师道文化的传承和光大，为加强新时代教师队伍建设提供了根本遵循。

　　"教育家精神传习录"是一套彰显和传播中国特有的教育家精神的丛书，旨在通过弘扬教育家精神，以教育家的格局、视野、情怀、智慧全面引领提升教师素养，聚力办好人民满意的教育，进而为建设教育强国奠基。

　　本丛书主角均系我国当代著名教育家，他们践行着孔子"有教无类"的原则，因材施教于不同的教育群体，产生了积极而又显著的效果。从他们身上折射出来的大爱无涯的精神光芒，照亮了无数青少年的前程，从而引领广大青少年在登临成功殿堂的时候，也将大爱洒向人间。于是，孔子和孟子"仁者爱人"的思想，就有了星星之火点燃燎原之势的壮丽之美。

　　走进当代教育家的心灵世界，还会发现，他们几乎无一例外地有着孔子高足曾子那种"士不可以不弘毅"的历史担当。他们在走向成功的道路上，躬身践行了孔子"己欲立而立人，己欲达而达人"的"忠道"精神，助推更多的有志之士获得成功、创造辉煌。他们积极弘扬立己达人的精神，在创造自身生命奇迹的同时，也引领更多的人担当起复兴教育的重任。

"人皆可以为尧舜。"每一个人都有着巨大的生命潜能，遗憾的是，这种潜能在很多人身上没有被开掘出来，甚至处于死寂状态。本丛书所写的教育家，不但让自身的潜能勃然而发，而且都秉承着孔子那种"发愤忘食，乐以忘忧，不知老之将至"的终身学习的精神。这种一以贯之之行，让他们成就斐然，在教育界甚至整个社会上产生了巨大的影响。他们不只是在教育理念乃至中外文化上有着很深的造诣，而且又像至圣先师孔子那样，始终行走在教育实践的道路上。他们明白一个道理，即使学富五车，理论高深，如果束之高阁，也会像天上的白云一样，一阵风刮来，便会了无踪影。可将理论与实践有机结合起来，则不但让其本人生成巨大的生命能量，还会产生深远的影响。

我所说的影响，还有一个重要的特点，就是拥有百姓认可的口碑。孟子说："得天下有道：得其民，斯得天下矣。"我们同样可以这样说："得教育家之誉有道：得其民，斯得之矣。"教育家扎根于百姓教育的沃土之中，不仅当下生命常青，还会流传后世，在代代相传中，永远闪耀着智慧之光。

对于一般教师而言，也许终生难以登临教育家的精神殿堂，但"虽不能至，然心向往之"。当更多的教师向教育家致敬的时候，念念在兹于学习教育家精神的时候，其思想境界与教育水平必然会水涨船高，孩子们也就有了健康成长、全面发展的可能，才会在未来为社会做出更大的贡献。从这个意义上说，教育家精神的传播，是个体的需要，更是集体的需要、国家的需要。

本丛书之所以采取对话的形式，是受到对话体《论语》《理想国》等国内外教育巨著的启发。对话不只是有现场感，双方在对话的时候常常会碰撞出思维的火花，让灵感的女神不期而至，对话内容随之有了水到渠成乃至妙笔生花之美。

本丛书大多是陶继新先生与教育家的即兴对话，由现场录音整理而成；有的是他与教育家研究者用文字对话而成。在陶先生出版的近70本著作中，对话体占了半壁江山。要想面对不同对象即兴而言，不只需要一种口头表达能力，更需要一种理论与文化功底，尤其是需要实践的支撑。因为书中很多鲜活的案例，都来自他几十年在全国各地采写的典型，所以，当对方谈及某个问题的时候，记忆的火花就会在他的大脑中立即闪现出来。

我非常欣赏"教育家精神传习录"这一丛书名。现在举国上下都在传播教育家精神，而"传习"二字会让人不由自主地想到曾子所言"传不习乎"，以及明朝哲学家王阳明的《传习录》一书。它是在发出强有力的呼吁：古代圣贤重视"传习"，当前，我国教育事业正处在加快高质量发展、建设教育强国的关键期，我们更应当传播和践行教育家精神。

本丛书不仅有着很高的精神价值和实践意义，而且摇曳着文化的韵味。非常期待它的出版，相信它会产生积极而深远的影响。

顾明远

2024 年 12 月 28 日

目录

爱孩子当为之计深远

　　我自 1973 年在家乡青岛当教师，1978 年调入北京，先后在中国少年报社和中国青少年研究中心等机构工作，半个多世纪以来一直做儿童教育和家庭教育。经历多了，越来越深切的感触就是爱孩子当为之计深远。这句名言的原文是"父母之爱子，则为之计深远"，出自《战国策》中的《触龙说赵太后》。我初中时学过这篇课文，却用几十年真正理解了其含义——为孩子长远发展考虑才是真正的爱。这句名言值得爱心满满的父母们反思：我的爱心为孩子计深远了吗？

　　每个人的长远发展都取决于家庭生活教育、学校学科教育和社会实践教育的相辅相成。然而，家庭教育的最大危机是价值危机。许多家庭忽视生活实践教育，过于偏重学科教育，其结果是即使孩子成为学霸却难以自理自立自强，难以学会做人，甚至心理危机不断发生。这样的发展很可能与父母们的真正期盼背道而驰。

　　在山东教育出版社的鼎力支持下，陶继新老师与我进行对话，以生活教育为核心，深入探讨教育的魅力在生活、理性爱、习惯与人格、新时代的亲子关系、激发孩子内动力等五大主题，最终形成了《家教之道》这本独特的书。以问答的形式，较为系统和完整地阐述个人的教育思想，这对我来说还是第一次。特别令我感佩不已的是，陶继新老师不仅提出了父母们最为关心的若干问题，还以其刻骨铭心的成长经历和许多家庭教育的经典案例，诠释了家庭教育的规律与特质。我们的对话既有理性的思考，也有鲜活的案例，是生命的对话，是生活的对话，更是希望的对话。

许多父母朋友碰到了太多的家庭教育难题，可能会渴望找到一些具体有效的方法。我们在对话中，也常常从耐人寻味的调研数据和非常具体的经验做法谈起，尤其是陶继新老师在全国各地采访几十年，他介绍的案例极具典型性，完全值得父母和教师们借鉴。但是，我们还是认为道在器之上，即掌握正确的教育思想和教育原则比学会具体的方法更重要。天下最爱孩子的人莫过于父母，而给孩子计深远之爱更是父母的最大心愿。计深远之爱自然要满足孩子成长的根本需要，这就是我们深入探究的家教之道。

我们从五个方面来表达关于家教之道的思考：

一是教育的魅力在生活。要让家庭教育回归与创造美好生活，如教育家陶行知所说，好的生活就是好的教育，坏的生活就是坏的教育。好的生活实践既是未成年人健康成长的基石，也是未成年人生成良好道德品质的关键环节。可以说，评价家庭教育成败得失的第一指标就是家庭是否温暖，而有美好的生活才有"温暖的家"。生活教育是家庭教育的根本之道，也是全书的基本宗旨。

二是孩子需要理性的爱。从养育风格到教育期待，无不体现出父母之爱是否理性。引导孩子走适合自己的发展之路是真爱，逼迫孩子追逐难以实现的目标是伤害。教育之所以伟大，是因为真正的教育是一种理性的爱，即真正对孩子成长有益的爱。国内外的调查均证明，既尊重孩子又严格要求的民主型养育模式最有利于孩子成长，也远远好于溺爱型、专制型和忽视型的养育效果。做儿童友好的父母要尊重儿童的生存权、发展权、受保护权和参与权，这不是选择而是原则。

三是良好习惯缔造健康人格。教育家认为，家庭是培养习惯的学校，父母是培养习惯的老师，儿童教育就是培养习惯。孩子养成习惯是一个由被动到主动再到自动的过程，父母们或许会烦恼孩子对于养成好习惯不积极不配合。掌握习惯培养的两个秘诀如同掌握了两把钥匙：内在的需要越强烈，越有可能养成习惯；成功的体验越多，越有可能养成习惯。父母如果能够培养孩子养成几个重要的习惯，完全可能让孩子终身受益，并且为健康人格奠定坚实的基础。

四是亲子关系好坏决定家庭教育成败，文化反哺呼唤共同成长。新时代的亲子关系要把握两个要点：其一，爱孩子的前提是理解和尊重。以父母的解释风格为例，积极的解释使孩子自信、乐观，消极的解释导致孩子悲观、绝望。因此，好父母的解释风格要变消极为积极。其二，信息时代具有"后喻文化"和"文化反哺"的特点，即年轻一代有能力影响年长一代。所以，父母要善于发现并自觉学习孩子的优点，与孩子共同成长。

五是梦想是成长的发动机。父母们务必要相信孩子，引导孩子在丰富多彩的体验中发现自己的潜能优势，激发出强大的内动力。关于梦想的力量我可以用自己一生的改变来证明：我从小生活在一个普通的工人家庭，就是因为童年时遇见文学，有了文学的梦想，才照亮了一生的成长道路。所以，我绝对相信，有梦想谁都了不起，而梦想来自生活实践，尤其来自成功的体验。

家庭教育的方法是无穷无尽的，而家教之道是根本、是原则、是灵魂。掌握了家教之道，自有家教智慧，也更有可能让父母之爱为孩子计深远。

孙云晓

2025 年元旦于北京云根斋

第壹章

好的生活就是好的教育

一、家庭教育是生活教育

陶继新 孙老师，您在家庭教育领域造诣深厚，我特别佩服。您不但有理论方面的研究，而且始终行走在实践大地上。我认为，您既能"上天"，也能"入地"。

孙云晓 非常感谢您的访谈。自 1973 年至今，我做了 50 多年的儿童教育，其中 30 多年主要在做家庭教育，对家庭教育有许多思考愿意与大家分享。

陶继新 您为什么说家庭教育是生活教育？

孙云晓 这是由家庭教育的本质属性决定的，也就是说，家庭教育是在生活实践中对人产生影响，好好过日子就是好的家庭教育。教育家怀特海有句名言："教育只有一个总主题——那就是多姿多彩的生活。"从理论上讲，生活是教育的源泉，教育是生活的需要，教育就是为了让人过上美好幸福的生活。

现在的问题是什么？问题是许多家庭的教育进入了学校化和知识化的误区。"孙云晓教育作品集"第一卷《教育的魅力在生活》，其核心内容就是倡导家庭教育回归与创造美好生活。我请中国青少年研究中心研究员、中国青少年研究会副秘书长洪明撰写的序言。我们一块开会时，洪明发出感慨，这个感慨很有代表性。他说："今天家庭教育最大的问题就是所谓的教育把生活给毁了，毁了生活就毁了孩子。"言简意赅，家庭教育本来是生活教育，在生活实践中育人，现在我们的很多家长很焦虑，家庭变得像个学校，全家人就围着作业、考试、升学、课外班转，好像这是家庭教育的主要任务。这个家庭就会变得不像家庭，父母也不像父母。在这样的情况下，家长给孩子讲再多的道理都是没有用的，因为生活是扭曲的。

教育家陶行知的生活教育理论，是非常值得学习和实践的。他有句名言："是好生活便是好教育，是坏生活便是坏教育。"今天的家庭教育并不是父母讲的道理不对，而是很多家庭的生活被扭曲了、被异化了。可以说家庭教育的一大误区是家庭教育的学校化、知识化。家庭教育它本来是一种生活的教育，它是在过日子当中给人以积极的影响。

我在中国青少年研究中心工作将近 30 年，主持了一个全国中小学生的学习发展状况调查，坚持了 20 多年。这个调查有一个让我震撼的数据，从 1999 年到现在 20 多年，有一个数据始终不变，就是问被调查的中小学生什么是人生最幸福的事情，共 10 个选项，"有温暖的家"始终排在第一位。

北京师范大学 2018 年对全国 18 万中小学生进行调查，也问这个问题，得出同样的结论，"有温暖的家"排第一位，其中八年级的学生比四年级的学生认同度高出 10.1%。这是什么意思呢？我们常认为青春期的孩子叛逆，但是青春期的孩子比中年级段的小学生更认为有温暖的家是人生最幸福的事情。这真是每个孩子发自内心的呼唤和呐喊，他们最需要温暖的家。

什么是温暖的家？温暖的家绝不是一个学校化、知识化的家，不是一个以考试为中心的家,而是全家人相亲相爱并且家长关心孩子成长的家。

陶继新 孙老师,我有两个很鲜活的案例。

我们小区一个四年级小女孩,在院里玩的时候对小伙伴说:"我妈妈是天。"她陈述了相应的理由:她的妈妈天天逼着她参加一个又一个的辅导班。周一到周五晚上、周六和周天,都要在妈妈的监督下上辅导班,每天晚上都睡得很晚。如果提点儿不同意见,就会受到严厉批评,有时候还会挨打。所以,只好妈妈说什么就是什么。

另一个是朋友的事。今年初春,他非常自豪地给我打电话说:"陶老师,今年我的儿子能考上清华或北大,百分之百!"我问为什么。他说孩子上的是重点高中,学校每年有一二十人能考上清华或北大,而他孩子平时考试基本都是全年级前四名。

可就在高考前两个多月的时候,孩子突然出走了。因为他压力很大,不堪重负,即使考到年级前四名,父母依然不满意,每天监视着他,学到深夜12点也不让睡觉。孩子非但没有感到家庭的温馨,反而天天处于煎熬之中。最为遗憾的是,这个孩子今年因重度抑郁,没参加高考。

孙云晓 还有一个震惊全国的典型案例,就是湖南有一个号称神童的魏某,17岁被保送进中科院,硕博连读。17岁的孩子都在读高二对不对?他却已经硕博连读了。令人意外的是,他被中科院劝退了。

为什么呢?因为他生活不能自理,过去许多事情全由妈妈给他处理,导致无法独立生活,自我管理混乱,也不会处理人际关系,更不知道尊重别人。比方说，半夜跑到教授家里敲门，冬天穿着拖鞋到处跑，而且该考试了他不考试，该写论文了他不写。一个人能自理才能自立，没有生活的这种历练，没有自我管理的能力，就不能正常生活，今后也很难发展。

我还有一个新的数据和大家分享，中国青少年研究中心2024年做了一个关于全国初中生观看短视频的调查，中学生观看短视频的比例很高，调查显示大概在95%以上。但是有一个结论引起了我的注意，就是初中生最喜欢的短视频内容是什么。第一项是生活技能与生活常识，第二项是自然科学知识。这说明我们的孩子很需要生活知识，同时我有一个感慨，生活知识能够从短视频里获得吗？大诗人陆游说得好："纸上得来终觉浅，绝知此事要躬行。"毫无疑问，未成年人的成长离不开生活实践。

陶继新　我们小时候，假期没有作业，整天干家务活，外边活也干，从早干到晚，从来都没休息过。

孙云晓　我是在山东青岛长大的。小的时候赶海是家常便饭，当时这是很正常的，就觉得要为家庭尽一份责任。经常晚上走很远的路，与伙伴们结伴去赶海，还觉得很愉快。

陶继新　现在有些家庭异化成了第二课堂，孩子虽然没做家务劳动，却精疲力尽，甚至人格上都不健全。

孙云晓　脱离生活实践的教育是一种扭曲的教育，扭曲的教育不仅扭曲孩子的知识概念，更会扭曲他对生活的理解，扭曲他的人

每逢家乡青岛的冬季，孙云晓总喜欢与海鸥嬉戏

格，扭曲他的心灵。我提出教育的魅力在生活，家庭教育一定要回归与创造美好生活，家庭教育要以生活教育为本。

陶继新　还有一个很严重的问题，一些孩子的心理不健康，这些负面情绪会持续不断地向未来延伸，到了一定的生命节点，有可能突然爆发，出现极其严重的后果。所以，不少孩子长大成人以后出现大的问题，多与其小时候家庭教育的缺失有关。

孙云晓　是的，这种情况屡见不鲜。一切都是从童年开始的，若父母忽视对孩子童年阶段的养育责任与孩子全面发展的需求，可能给孩子带来伴随终身的心理缺陷或成长困境。

二、学校教育、家庭教育和社会教育的关系

陶继新　那么，学校教育、家庭教育和社会教育之间究竟是一种什么样的关系呢？

孙云晓　您说的这个问题特别重要。党的二十大报告确立了一个非常重大的原则，就是要健全学校家庭社会协同育人机制。作为教育工作者，我觉得这涉及一个重大的理念与原则，即在立德树人根本任务之下，学校教育是学科教育，家庭教育是生活教育，社会教育是实践教育。每个人的成长实际上都需要学科教育、生活教育和实践教育，这三种教育相辅相成，才能培养出真正的人才。现在非常值得注意的问题，是要防止一个倾向，即把这三种教育变成一种教育，如果只偏重学科教育，这是很可怕的事情，对青少年成长来说是一场灾难。

为什么要强调学科教育、生活教育和实践教育之间的关系？这三种教育不是对立的关系，而是相辅相成的关系。比方说一个人生活经验丰富，他求知的时候往往具备更强的理解力和迁移力。古代思想家墨子曾经提出有三种知识获得的途径，即亲知、闻知和说知。陶行知认为，亲知是亲身得来的，从"行"中得来，为一切知识之本。闻知与说知必须根植于亲知，方能发生效力。真正的知识源于亲身经历与经验，比方说，如果没有生活经验，孩子写作文都不知道怎么写，没东西可写，下笔无语，感受苍白。

一个孩子接受了学科教育和生活教育，还要在社会实践中培养责任心，有一种公益情怀，要关心天下、关心社会，要有社会实践能力。一些名牌大学有一个特点，它在招收学生的时候特别看重社会服务能力。

2000 年夏天在瑞典首都斯德哥尔摩，与做义工的小学生合影

现实生活中，许多优秀的青少年用行动回答了我们关注的问题。2024 年，北京女中学生蓝萱被斯坦福大学录取，她就具有突出的社会实践与服务的能力。从二年级开始，在妈妈的一位记者朋友的引荐之下，蓝萱开始促成所在班与四川丹巴县半扇门小学一个班结成联谊班级，到小学毕业前捐书 100 本，捐善款超过 6 万元。进入鼎石国际学校后，她更加热心慈善事业，经过调研编写了《我了解中国扶贫行动的历程》手册。她不仅关心远方贫困的同龄人，也关心身边需要帮助的人。2023 年 4 月，她和同学们一起组织了"第三方员工运动会"，组织学生和学校厨师、保安、园丁、保洁等工作人

员共同参加运动会。关于自己的追求，蓝萱说，将自己所拥有的资源用于帮助别人，在平凡的生活中去发现重要的意义。

讲到各种教育与能力之间关系的时候，我觉得有一个人讲得很透彻，就是美国心理学会的前主席斯腾伯格，他曾经是耶鲁大学的心理学教授，提出"成功智力"的概念。斯腾伯格认为，成功智力有三个方面，即分析性、创造性和实践性。我们强调平衡地建构智力的基础，与成功智力理论不谋而合，即智力不是能力数量的多少，而是分析性智力、创造性智力和实践性智力之间所达成的一种平衡。实际上，斯腾伯格强调的是各种能力需要平衡的问题。今天我们的一个危机，就是许多孩子"瘸着腿"走路，比方说虽然知识丰富，掌握的知识概念都很多，特别会考试，但是没有生活能力，没有社会实践能力，这个危机不可忽视。

我们可能培养了很多学霸，但实际上他们生活能力低下，难以适应社会。上海有一个例子让我印象特别深刻：一位年轻的学者对一个五年级的小女孩进行过访谈。在爸爸的计划和督促下，她已经通过自学拿到了大专学历，就为了"赢在起跑线上"。但是，这个小女孩日常却跟同学无法交流，后来只能休学在家。

这位年轻学者很气愤，质问这个父亲说："你培养孩子，究竟想让她将来怎么发展？怎么适应社会？"面对孩子发展的困境，这个父亲也感到茫然。

陶继新　这个女孩只是在学科学习这一个方面走在前面而已，而在家庭生活以及"成功智力"方面，则远远落在一般同学的后面。家庭教育是人发展的根基，是个起点。要想做好学校教育，根本离不开家庭生活。

　　孙云晓　《红楼梦》里有一句至理名言："世事洞明皆学问，人情练达即文章。"生活教育让人洞晓世间百态，然后知晓人间冷暖。有件事情我体会特别深，我的家庭给我一个深刻而持久的体验。我父母都是工人，从我 7 岁那年开始，大年初一这天早晨，他们要求我和哥哥两个人去亲戚朋友和左邻右舍家拜年，大概有十几家。那个时候，家里根本没有车，连坐公共汽车都舍不得，全靠自己走路，一上午都要忙活这个事。没想到，这个事情坚持了 50 多年，我后来到北京工作和生活，回青岛过年的时候，这件事依然是必做的功课。久而久之，我就发现了父母的智慧，年年到这十几家去拜年，一来表达了对亲朋长辈的关心，同时让我和哥哥了解了这个社

2010 年秋，回家乡庆贺母亲 85 岁生日，与父母和兄妹合影

会，保持了与他们的良好关系。所以，我们虽然是个普通的工人家庭，但是睦邻友好，大家几十年相互帮助，相互支持。一个人要体谅别人，要关心别人，要尽可能地帮助别人，我觉得这就是一种好的生活。

陶继新　王阳明有一句话说得非常好："知者行之始，行者知之成。"意思是说，知是行的开始，行是知的完成。

孙云晓　陶行知认为，行是知之始，知是行之成。

陶继新　王阳明和陶行知之谈，对我们今天仍有着巨大的意义。因为只学知识是不行的，如果没有实践，知识就会像飘在天空的一朵白云，来一阵风就把它吹得了无踪影。

您的讲座为什么受欢迎？因为您不仅有理论，还有大量的实践，二者合一，才有了属于您的精彩，才有了大众的喜爱。

孙云晓　我虽然做研究多年了，但我很感谢我的人生经历——我在《中国少年报》工作过9年；我后来喜欢文学创作，写了很多以中学生生活、学习为题材的文学作品；我收到3万多封中学生来信，这都是我的财富。我在《文化反哺呼唤共同成长》一书中收录了一部分珍贵的信件，经过化名保留下来。还有的中学生把他们几年来的日记都寄给我，说放在我这里他们放心。我非常感动！

1978 年至 1987 年，孙云晓做过 9 年《中国少年报》的编辑和记者

20 世纪 90 年代，在家中接待来访的中学生朋友

我采访过上百名中学生，有的时候跟踪采访几十年，彼此相互了解，成为知己好友。所以说我对教育的理解，并非都来自理论，更多是对生命的理解、对生活的理解、对人的成长的理解。

陶继新　我对《论语》情有独钟，先后背诵过六遍，出版了《陶继新〈论语〉心悟》一书。开始的时候，我更多关注的是对《论语》的背诵与解读，后来，便逐渐地融进了自己的感悟。

其实，孔子不仅是诵读经典的典范，也多有属于他自己的感悟，并一直悟而有行。比如孔子说："学而时习之，不亦说乎？"这里的"学"，李泽厚解读得非常好："本章开宗明义，概而言之：'学'者，学为人也。""习"也不是温习或复习，不然，复习再复习不会心里愉悦。朱熹在《论语集注》如是说："习，鸟数飞也。学之不已，如鸟数飞也。"是啊，学正如小鸟学飞一样，一次次地实践，甚至也会有失败，最终学会了飞，当然会愉悦。所以，此句可以解释为："学习并且经常实践后学有所成，不是很愉快吗？"事实上，很多孩子缺少生活实践，更难以从生活实践中品尝到心灵的愉悦，当然就不可能愉悦了。

而家校社共育，则让学生有了生活实践，也有了心灵的愉悦。

孙云晓　2024 年 11 月，教育部等十七部门联合印发《家校社协同育人"教联体"工作方案》。"教联体"是什么？就是以中小学生健康快乐成长为目标、以学校为圆心、以区域为主体、以资源为纽带，促进家校社有效协同的一种工作方式。简而言之，就是各方面的力量要整合起来，紧密联合起来，为中小学生的成长创造好的条件。

其中有一点特别重要，就是家校社协同育人。怎么协同？就是要让孩子受到良好的学科教育、生活教育和实践教育，这是教育的三大支柱，也是家教社要协同的一个关键点，不能只偏重某一个方面，即不能失衡，好的教育是平衡的，只有三种教育均衡发展，人才能全面发展。

陶继新　任何人都要走向社会，如果没有家庭生活，只有学科知识的学习，就不可能在社会中畅通无阻。

人生正像是一场马拉松，关键不是赢在起跑线上，而是整个过程的体验与收获。您是工人家庭出身，我是农民家庭出身，我在农村读的小学和初中，高中在一所县城中学。毕业后当了十年农民，1978 年才考上师专。看上去，我不仅输在了起跑线上，而且在起跑后相当长的一段时间一直"跑"在不少人的后面。可是，农村的生活实践，甚至是极其艰苦的劳动，锤炼了我的意志，我一直努力前行。许多年后，我成了山东教育社总编辑；退休后依然学习，这十六七年，又出版了几十本著作。

我悟出一个道理，读书学习十分重要，我一直在学习，可同时，教育实践同样重要。所以，除了一以贯之地诵读经典，我长年累月行走在全国教育实践的一线。每年听课不少于60节，有时还要现场即兴评课。如果没有几十年如一日地去实践，就没有我大量文章的发表——仅《中国教育报》就发表了三四百个大版。没有持续不断的教育实践，我就不可能让自己腾飞起来。

孙云晓　现在好多父母令人悲哀的是什么呢？在学业上过度地让孩子竞争，忽视孩子的生活教育和实践教育，当孩子出了问题后，父母就会说孩子只要好好活着就行了，足见悔之晚矣。

许多父母有一种焦虑的心态，可以用一句话来概括他们对孩子的期望：只要你把学习搞好了，别的什么都不用你管。这是荒废教育的宣言！孩子如果没有生活经验，没有社会实践能力，他将来既不能自立，又不能助人，甚至可能出现危机。

我们需要深刻认识到，在立德树人的根本任务之下，学科教育、生活教育、实践教育都不可缺少，要促进三种教育的相辅相成。这是家校社协同育人的一个极为重要的方向和原则，就是说这不是三个方面的简单结合，而是三种教育的融合，只有这样才能实现立德树人的目标。

三、注重生活教育能够促进孩子的学业发展

陶继新 我在和一些家长交流的时候发现，有的父母担心注重生活教育会影响孩子的学业，您怎么看待这个问题？

孙云晓 这个问题我也非常关注，因为父母们揪心的事、最牵挂的事情不能回避，一定要正面回答，而最好的回答是用事实说话。

2021年，苏州市教育监测部门对全市50 826名初二学生的家长进行问卷调查，同时把调查的结果和学生的学习成绩匹配关联，看看究竟有哪些因素影响孩子的学业，结果有三个因素让大家倍感意外——一是早餐，二是学习空间，三是家庭藏书量。

第一，问卷显示，每天能够在家里吃到父母做的早餐的孩子，比吃不到的孩子平均成绩高63分。很多人会很奇怪，吃早餐这么影响孩子成绩吗？正好我到苏州去给老师、校长们讲课，我说能不能给我解释一下你们苏州的调查结果，吃早餐的孩子学习成绩好是什么原因呢？老师们就跟我说，每天都吃到父母做的早餐的孩子，说明他们的父母很有爱心，很有责任感，坚持给孩子做早餐，家庭关系很融洽。而且，每天在家吃早餐的孩子生活比较有规律，熬夜熬到后半夜的孩子，第二天肯定

起不来吃早饭。我一下就联想到国际上的研究成果，如美国的教育研究也发现，情绪的稳定性是影响孩子学业发展的关键因素。孩子每天在家里吃早餐，感到家是很温暖的，情绪是积极的，这就是最好的学习准备，是最好的情感支持。

第二，问卷调查中，有独立的安静学习空间的孩子比没有的平均成绩高 29 分。

第三个数据更惊人，家里的藏书量超过 200 册的，比只有 0~25 册的平均成绩高 109 分。这说明阅读环境与阅读习惯极大地影响孩子的学业水平。

陶继新　正如德国诗人歌德所言："读一本好书，就是和许多高尚的人谈话。"同时，古今中外的经典作品，有一种道法自然的语言之美，读得多了，自然就能构建起自己的语言系统，从而抵达出口成章、下笔成文的境界，这对提升演讲与写作水平，起到了推波助澜的作用。

家长引导孩子读书，不应给自己找各种推托的理由。

有的父母即使经常辗转于外地，也要培养孩子读书的好习惯。

2022 年 4 月 16 日，我通过视频通话采访了在郑州工作的魏智渊先生。有近 20 年，他一直在"颠沛流离"中度过；而其女儿魏一言，从出生之日起，也是居无定所地随父而行。

魏老师工作忙，可他只要有一点儿空闲时间，就陪伴女儿读经典。他认为，经典中不但摇曳着智慧的光华，也有着照耀人心灵的思想光芒。当这些光芒投射到女儿心里的时候，就会让她充满生命的能量。所以，即使她从小学到高中的 12 年间，转过 10 次学，也曾有过不安全感甚至恐惧感，但是魏智渊与夫人带着她持续阅读大量好书，不仅让她具有了一般学生很难抵达的文学水平，也给予了她足够的力量。在英国曼彻斯特大学毕业之后，魏一言成为全球最大的咨询公司上海分部的一位职员，她所创作的小说已被漓江出版社出版。父母的阅读陪伴，让这个辗转过多所学校和数座城市的女孩，非但没有变得敏感和孤独，反而拥有了坚韧不拔的意志品质。

孙云晓 您刚才讲的例子很有说服力，说明成长是有规律的，教育当然也是有规律的，好的生活就是好的教育。你看，在家中吃到父母做的早餐、独立学习的空间、良好的阅读氛围以及丰富的藏书量，这些都是好的生活，这种好的生活对学业不是一种妨碍，而是积极的巨大的支持。

陶继新 1980 年秋季开学后，我在曲阜师范学校教学，大女儿跟着我在曲阜上小学，二女儿跟着我夫人住在农村。

曲阜师范学校的图书馆很大，我每周都要给大女儿借书，其中就有不少中外名著，她读得津津有味，如痴如醉。

1983 年年底，我借调到《山东教育》做编辑，可由于我没有正式调入，大女儿不能到济南上学。她正读三年级，迫不得已，就让她自己在曲阜生活、学习。当时她对读书已经有了一种特殊的渴求，为此，我请曲阜师范学校语文组同事李心信老师每周从图书馆为女儿借一本书。

为了让女儿按时起床上学，解决一些她自身尚且不能解决的生活问题，我请两个女大学生晚上陪她休息。可她要自己去上学，放学自己回来，完成家庭作业，一日三餐要到学校食堂，身体偶有不适要自己到学校卫生室去看病。就这样整整一年，不但没有影响她的学习，反而让她有了独立生活的能力。

一直到 1984 年年底，我的调动手续办好，大女儿才到济南上学，当时她正上四年级。从县城调来的两位同事的孩子因无法适应省城学校的学习，只好到低一年级的班级读书。

当时山东省实验小学的教导处主任李蓓芝，是省小学语文界的名师，正教五年级。她建议大女儿直接上五年级，前提条件是让她参加考试，如果合格，就跳一级。女儿顺利通过考试，进入五年级。

说实话，我担心女儿成绩太差的话，会影响她的情绪，就没有给她再借或买课外书。当时山东教育社在千佛山宾馆办公，我中午打乒乓球，让她在办公室休息，希望她复习一下功课。每天我给她 1 元钱，用于午饭之需。后来我才知道，她花 2 角 5 分钱吃午饭，其余的钱大多偷偷地用于买书。

半年之后，她已经成为班里的中等生，后考入一所重点初中，高中考入重点高中山东省实验中学，后来考入山东大学并取得硕士学位。

孙云晓　其实大部分的父母辅导孩子的学业是有困难的，但是带孩子好好生活是有能力做到的。好好吃早餐能不能做到？陪孩子读书，家里多准备一些书，营造阅读的氛围，亲子共读，可以做到吗？给孩子创造一个良好的学习空间，这就是好的生活，这就是对孩子学业的支持。问题在于，有的父母有一些误解，觉得这些都不重要，孩子哪有时间看课外书，自己哪有工夫做早饭，结果就是异化了生活，也就耽误了孩子的身心健康成长。

四、生活教育对未成年人成长具有重要意义

陶继新　我听您在做讲座时，谈到生活教育对未成年人的成长有特别重要的意义，这是为什么呢？

孙云晓　关于这个问题我体会特别深，可以从两个方面说明生活教育对未成年人的发展为何有特别的意义。

第一点，生活教育是未成年人成长的基石。未成年人需要有生活经验，需要在生活实践中提高待人处世的能力，这便是成长的重要基石。我小的时候在青岛生活，许多孩子都要去赶海，就是利用大海退潮的机会捕鱼、捉蟹、挖蛤蜊。我经常是左手提着滋滋喷火的瓦斯灯，右手拿着钢叉，在月光下蹚着海水，瞅准机会叉鱼或者捉螃蟹。赶海回来以后，把挖到的蛤蜊等海货交给父母，心中充满自豪感。实际上，通过参与劳动谋生的过程，从小体会到自己是家庭的一个成员，要承担一份责任，这是很自然的链接。当时，我们家里的引火干草都是我负责去山上割好晒好的，还要养兔子挣钱。回顾一生，我敢说自己是有责任感的，而童年的劳动经历的确是我生命成长的基石。想一想都会明白，如果你会做饭、会洗衣，你就会照顾自己，你也能帮助别人。如果你什么都不会，处处依赖别人，怎么独立得了？所以说，未成年人成长的一个基石就是在生活实践中学会生存。

陶继新　我和您有着相同的生活经历。我们村的田地几乎全是盐碱地，贫穷到一般人难以想象的程度。在那个吃糠咽菜的年代，即使能够取得一点儿可以吃的东西，都会不惜代价地奔赴而去。有一年夏天连续下了几天大雨，田地里一片汪洋，我常跟着父亲去河里或水沟里撒网捉鱼，十多岁的时候，我已经是一个撒网的高手了。

一天上午，我到一片高粱地旁的水里去捉鱼，突然发现一条一米多长的大鳝鱼在水里游动。我不顾一切地跑去，用双手死死掐住。它突然昂起头，张开大口，把我的大腿咬得鲜血淋漓。我顾不得那么多，用一只手把它的头紧紧抓住，跑到不远处的路上，我便将它往路旁石头上砸去，不一会儿它便奄奄一息。我跑着将"战利品"拿回家，全家人享用了一顿丰盛的午餐。

上小学的时候，不只是放假要干繁重的体力活，即使周六、周日或平时放学回家，干活也是家常便饭。当时家里全是旱厕，为了积攒肥料，专门做了一个粪池子，将不用的污物与草等放置其中，时间一长，酿成土肥。到了一定时间，我便将肥料清理出来，用地排车拉到自留地里为庄稼施肥。

天将亮的时候，我背上粪箕子，到村外的路上寻找牛马拉车时拉下的粪便，一旦发现，便惊喜地将其收入我的粪箕子中，几次之后，就有了"收获"，然后再倒到我家的自留地里。而到了生产队社员集合去地里干活的时候，我才回来，继续去干集体的活。

我们家要盖三间房子，全靠我和父亲与二弟从远在18里外的山上用地排车拉石头以作地基，又从地里将土拉来和成泥，制成土墙。就这样，我们父子三人，在没有耽误生产队集体工作的情况下，把三间房子建成了。

这十年的劳动生活让我愈摧愈坚，还锻造了我一副健康的体魄。

孙云晓 您是农民之子，我是工人之子，劳动让我们有共同的体会，您体会更深，因为您干得更多。为什么生活教育对于未成年人成长有特别的意义？第一点是因为生活教育是成长的基石，即对生活的理解、承受力，对种种磨炼的体验。第二点是因为生活实践是未成年人道德品质形成的关键环节，这是特别紧要的环节。

父母都希望孩子做个好人，做个有道德的人，但是只跟他讲道理，不让他参与生活实践，道德是形不成的。道德的生成有个规律，它是一定要在深厚的生活实践中逐渐生成的，没有生活实践，就没有道德教育，说再多做人的道理都是空中楼阁。

您刚才讲的抓鱼、施肥、盖房那么苦的体验，这些过程它不仅仅让您提高了能力，而且形成了一种坚韧不拔的品质和强烈的责任感。

陶继新 我们都知道为父母分担忧愁，分担责任，也一直坚定不移、一往无前地走着。

孙云晓 您刚才讲的案例就充分说明这一点，就是说童年参与劳动，在其中体验到的不仅是能力与勇气的增长，更是一种道德品质的生成，即有责任心，要尽家中一员的责任。

尽责这样的一种道德品质，不是嘴上说说便可以获得的，必须经历多次刻骨铭心的体验，才能逐渐生成。

陶继新 您说到我心里去了，那时候的苦难经历所形成的责任感延续到了我之后的生活。我高中毕业后就当了农民，可年龄尚小的三弟、四弟要上学啊！那时候还没有实施义务教育，父母连给他们交学费的钱都没有。

我想了一个办法，在劳动空余时间，骑着自行车到就近的马厩卖马笼头，卖一条能赚一块钱。这些收入，除了留些家用，再是给我父母一些，其余用于三弟和四弟上学之需。后来，三弟考上了山东省水利中专学校，四弟考上了山东大学。其实，当时分文全无的父母并没有让我如此去做，可我自己认为就应该这样做。所以，如您所说，苦难会锻造人格品质。

孙云晓　这些人生经验好在什么地方呢？就是一再证明，生活实践在人的道德品质生成过程中具有关键作用，生活实践是万万不可忽视的过程和环节。

陶继新　当时如果我凡事都依靠父母，就不会有如此之举，两个弟弟也就与上学无缘了。

孙云晓　这一代孩子有许多优势，但是缺少体验的机会，缺少生活，缺少实践，这是他们成长的危机。

《中国家庭教育蓝皮书（2013—2014）·回到家庭谈德育：我国家庭德育状况及改进研究报告》（洪明、中国青少年研究中心编，中国青年出版社2014年版——编者注）中的调查发现，41.4%的中小学生的父母表示，自己的孩子不做或几乎很少做家务劳动；还有46.7%的中小学生父母说，他们有时或经常要代替孩子劳动，其中城市父母的比例为50.1%，要高于农村父母的39.9%。可以说大部分的孩子都缺乏家务劳动，一个人连家务劳动都不做，还谈什么责任感？还谈什么自理自立自强？

我甚至有个判断，孩子如果在家里没有劳动岗位，劳动教育就是一句空话，孩子的道德品质也是有缺陷的。

陶继新　一个人如果小时候在家里不参加劳动，没有责任感，诸事依靠父母的话，还会形成一种消极的思维定式，即凡事都要父母干，与自己没有什么关系。久而久之，甚至父母老了，他也不会替父母干活，更不会替父母分忧。

孙云晓　懒惰的孩子久而久之会形成一种错误的观念，觉得别人就得帮他做事，他享受别人照顾是理所当然的。

陶继新　家庭教育与社会教育有什么关系吗？

孙云晓　我们国家把立德树人作为家庭教育、学校教育的根本任务，但是没有生活教育，没有社会实践，任务很难落实，这个危机实际上是很大的。

我强调生活教育与实践教育的原因就在这里。生活教育和实践教育是未成年人绝不能错过的教育，错过了之后很难弥补，甚至终身难以弥补。

陶继新　我和孩子们的关系为什么和谐？一个重要的原因，就是我应该做的事，我一定做；而应该孩子做的事，则一定要让她们做。我要养育孩子，孩子也要孝敬父母。

我二女儿在杭州上大学时，一天早晨我准备上山锻炼身体，她正好背着大行囊来到楼下。她高高兴兴地说一声："爸爸，我回来了！"我说："好的。"于是，我们两个各奔东西。

午饭后，女儿的高中同学李骏来到我家，她问道："陶叔叔，您知道华子几点到济南的吗？"我随声应道："早晨啊！"她摇摇头说："不对，昨天晚上就到济南火车站了。"我说绝对不可能，早晨我出门上山锻炼时，正好见她回来。

我发现女儿给她使眼色，不让她继续这个话题。

李骏接着说："其实，华子昨天晚上12点多就到济南了！之所以没有回家，一是公交车已经停运了，担心坐出租车不安全；二是华子知道您10点半之前睡觉，如果打电话叫您去接，怕影响您的睡眠。所以，她在济南火车站等到天亮才往家赶的。"

孙云晓 "此时无声胜有声"啊！孩子这么体谅父母，自己克服那么大的困难，不给父母添麻烦，这是真正的孝敬之心，也足见教育效果之佳。

这让我想起教育家陈鹤琴所言："凡是孩子能做到的事情，大人不要替他去做，这就是教育。""孩子进一步，大人退一步，这就是成长。"这是经典之论。

现在很多父母对孩子不放心，一辈子不放心。小的时候要百般呵护，不让他做家务劳动，大了之后也不用他操心，甚至当孩子有了孩子之后，父母又包办下来，比如把家里全部的积蓄给孩子买房子，然后帮孩子带孩子，什么都包揽，最后的结果就是父母确实有爱心，但是孩子的能力弱化，父母则终身劳累。

陶继新 其实，家长力争做得少，尽可能地让孩子自己学会生活，这样孩子的生活力不但不会弱化，反而会越来越强。

孙云晓　叶圣陶的名言是"教是为了不教"。

陶继新　对！《学记》上说，教师教学的时候要"开而弗达"，该是何其好啊！师傅不是把徒弟领进门，只是打开门，让徒弟"进门"，之后自己去探索。

家庭生活也应当这样，家长要充分放手，让孩子自己去探索。做以前没有做过的事时也要尽力自己摸索着去做，会做得越来越好。如此才会拥有丰富的生活体验，学会很多生存技能，拥有健康人格，这对生命的成长具有举足轻重的作用。

五、中小学生一定要参与家务劳动

陶继新 您在讲座中提到，中小学生一定要参与家务劳动。可是，有的家长不太理解，可否较为详细地谈谈这个问题？

孙云晓 孩子成长的过程是一个社会化的过程，由自然人变为一个社会人，要不断提高社会化水平，提高适应社会的能力。那么其中就有一点，是孩子要学会独立，学会自理自立自强，这个时候你会发现劳动能力是孩子最基本的能力。

一个人能不能自理自立自强，劳动能力是第一位的，比方说能够自己做饭、洗衣服，整理内务，这是最基本的，也是他能做到的。我们所说的道德品质的培养和人格的培养，很多时候都是从细微的劳动开始的，这也是责任感的培养。

一个孩子如果好吃懒做，"油瓶倒了都不扶"，这样的孩子将来是很麻烦的，他自己也会吃很多苦头，所以学会劳动非常有必要。

我在中国青少年研究中心曾经主持过一个对 148 名杰出青年童年与教育的研究，同时在我主编的《少年儿童研究》杂志上，发表了一篇对 115 名青年死刑犯的童年调查。比较研究发现，在童年时期帮助父母做家务方面，81.08% 的杰出青年"经常做"，"有时做"的占 13.51%，两者共同占比 94.59%。而 115 名死刑犯的童年时期，90% 以上者都是好吃懒做、游手好闲，其中 30.5% 曾经是少年犯，61.5% 少年时有前科。鲜明的对比告诉我们，什么样的生活造就什么样的人生，什么样的教育孕育什么样的人格。

陶继新　2024 年 3 月，我在山东省未成年犯管教所为未成年犯做了一场《走好未来的路》的讲座。开讲之前，我与管教所的相关同志交流的时候，他们谈到这些孩子少时多是好逸恶劳者。"积土成山，风雨兴焉"，久而久之，酿成了大问题，乃至走上犯罪的道路。

孙云晓　劳动为什么重要呢？劳动不是简单的一种技能，它是对别人的关心，是一种责任感。扬州一个小学二年级的小男孩叫缪苇杭，跟着爸爸学会了 30 多道菜。他有什么变化呢？第一，他可以自己做饭了，可以自己照顾自己。第二，他关心家人了，他做了饭劝妈妈趁热吃，还知道爸爸妈妈爱吃什么，特意为爸爸妈妈做。真正学会做饭，一定会关心别人，关心谁没有吃饭，每个人的口味是什么，这就是学会生活。

家校如何携手引导孩子健康成长？教育部出台义务教育课程标准，将劳动课独立出来，提出学生从一年级到九年级，要学会烹饪、洗衣服、整理内务等丰富的内容。我觉得劳动课的一个非常重要的落脚点在家务劳动，如果说学校里学的都是知识，回家什么也不干，这个课就落不到实处。

所以说，明智的家长就应该鼓励孩子在学校里学了知识后在家里实践。给孩子在家里安排一个劳动岗位，并不要求任务很繁重，可以轻松一点儿，但要求长期坚持，坚持才能够养成习惯。

劳动的价值在关键时刻会有鲜明的体现。我举一个例子，如今很多孩子在外地求学甚至在国外留学，你会发现，会做饭的孩子在天涯海角都可以过得很安稳，不会做饭的孩子就慌了手脚，因为有时食堂关闭了，有时叫不了外卖。此时，一个孩子勤于动手的能力会让他受益一生。

好多父母只想着让孩子走向远方，可孩子没有生存能力，不能够照顾自己，更不能照顾别人，成为一个处处依赖别人的人，对这样的孩子怎能放心！所以说，劳动是孩子的必修课，劳动让孩子不仅获得能力，更形成一种优良的品质。

六、父母如何做好生活教育

陶继新 家庭生活如此重要，那么，请您谈谈父母应该怎样做好生活教育呢？

孙云晓 父母怎么做好生活教育，我认为有两个层次：第一个层次就是积极健康地好好生活，该吃饭吃饭，该睡觉睡觉，该工作工作，该娱乐就娱乐，处理好家庭内部和亲戚朋友间的关系，这是一种正常的生活。第二个层次就是要以孩子的生命成长为中心，做儿童友好的父母，安排一些孩子成长所需要的活动。

我发现，好多父母本身的生活就是不正常的，比方说家里很少开火，老是叫外卖；该睡觉时不睡觉，而是玩手机、看电视、打麻将，等等。父母的生活不正常，导致孩子的生活也不正常，难以养成良好习惯。实际上，好好过日子就是好的教育，所以，父母要从好好生活和认真生活做起。

第二个层次就是要以孩子的生命成长为中心，用心安排一些既有意义又有意思的活动，如陶行知所说"儿童的生活才是儿童的教育"。

比方说孩子的成长有很多需要，这是父母们要用心去满足的。我的女儿考上大学之后写了一篇感想，她说最感谢父母的是在她 18 岁之前带她走过了全国 13 个省

好好做父亲，陪伴女儿成长

与女儿孙冉合著《遇见文学的少年妙不可言》，新世纪出版社 2019 年 6 月版

市。我就想我们给孩子那么多帮助，她为什么觉得旅行是给她最大的帮助呢？这或许说明未成年人特别需要开阔眼界。

儿童有参与权，这是父母们要特别鼓励和支持的。家庭要培养孩子的民主意识，比方说召开家庭会议，对家庭的重要事情要通过家庭会议来讨论解决，当然包括孩子的问题。

北京一个儿科医生跟我说，她家从孩子上小学到大学期间，一直开家庭会议，家人轮流主持，孩子有什么事都愿意在家庭会议中分享、解决。这个方式是给孩子一个表达的机会，是对儿童参与家庭事务的讨论决策权有一个制度性的保障。

生活是丰富多彩的，关键是当考虑生活安排的时候，要考虑到儿童成长的需要，要做到儿童优先。

陶继新 我的两个女儿也常带她们的孩子外出旅游，不但游览了中国的名胜古迹，还到新加坡、日本、韩国、美国等外国旅游。到韩国旅游的时候，二女儿的儿子还没上小学，一次在一家大型商场，前后几分钟的时间，孩子就意外走失。他们一边四处寻找，一边赶紧让商场服务中心广播找人。正慌乱时，女儿突然听到广播里让她到客服中心去领儿子。原来走失后，孩子恰好遇到中国游客，便寻求对方帮助，找到了客服中心。

孙云晓 您刚才讲的这个例子很生动。那么，父母该怎样带领孩子好好生活？其中有一条特别重要，即父母的关系影响孩子一生。

当我们讲家庭生活的时候，一定不要只想到衣食住行。实际上家庭是什么？家庭的本质是关系，核心是夫妻关系，孩子是看着父母的背影长大的，孩子从妈妈身上去认识什么是女人，什么是妻子，什么是母亲；从父亲身上去认识什么是男人，什么是丈夫，什么是父亲；从父母的关系去认识什么是爱情与婚姻。所以说，好的生活首先是好的关系，家庭的本质是关系。我们一定要重视与伴侣的相亲相爱，要营造一种温暖的家庭关系，要相互体贴与支持，这就是给孩子一种美好生活的体验。

我小外孙3岁时很喜欢跟我们在一块玩，晚上在床上蹦来蹦去地玩各种游戏，他爸爸妈妈在客厅里说话。小外孙正跟我们玩，忽然问，爸爸妈妈吵架了吗？我说没有吵架，他们说话声音高了一点儿。小外孙说不对，他得去问问，随即跳下来，跑去客厅问："爸爸妈妈你们吵架了吗？不要吵架。"这说明什么？连3岁的孩子都对父母之间的关系很敏感。儿童是研究大人的专家，天天琢磨父母的关系。父母关系紧张，这个时候孩子是难以好好生活的。

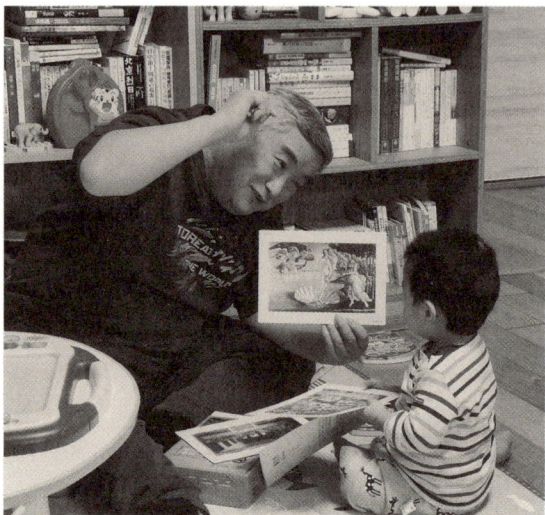

升级当姥爷，与小外孙在一起的快乐生活

有人说现在离婚率这么高，谈什么好的关系？我说离婚率高，也许是有原因的，离婚也是解决问题的一种方法，也不能完全否定。但是离婚也要充分考虑到孩子的成长需要，离婚是父母之间的事情，要给孩子稳定的生活，要考虑孩子的需要。奥斯卡经典影片《克莱默夫妇》为什么感动世界？影片讲述父母在离婚的时候，夫妻俩都争夺儿子。父亲的律师告诉他一个最有效的方法，让儿子在法庭上说妈妈不要他了，妈妈离家出走跑到很远的地方不回来，就能得到儿子，但是父亲说，怎么能让一个小孩子在法庭上去指责他的母亲呢？绝对不可以这样做。这部电影之所以感人，在于夫妻双方即使离婚也不伤害对方，而且会考虑到孩子的成长需要。

陶继新　我做过一个题为《构建和谐的亲子关系》的讲座，主旨便是夫妻关系是亲子关系的主控系统。我在全国近千所学校与校长、教师以及学生交流的时候发现，单亲或夫妻关系极为不和的家庭的孩子多有心理问题。之所以出现这些问题，多是由于父母有意或无意间将抱怨、气愤甚至仇恨传递到了孩子身上，而这些负面情绪还会继续在孩子心里存留甚至蔓延，持续危害本人甚至危及他人。

如果说家庭是一个大系统的话，那么，夫妻关系则是主控系统。夫妻和谐，孩子感到安全，父母之爱便自然而然地在孩子心中播下温馨的种子。夫妻关系和谐了，家庭和顺了，孩子愉悦了，整个家庭就幸福起来了。

夫妻即使要离婚，在孩子面前也不要大吵大闹，更不能恶语伤人或动手打人，不然会让孩子感到害怕，还会在他们的心里播种下怨恨的种子。

孙云晓　我发现一个现象，有些父母离婚了却对孩子保密，实际上孩子早就知道了，因为孩子对父母的关系超级敏感，总会发现真相。所以说，这种保密的方法不是最好的办法。这就需要一个理性的态度，一个很重要的原则就是不要在孩子面前播种仇恨，因为离婚很容易带来很多伤痛，夫妻双方控制情绪也很不容易。

比如，父母离婚后，孩子跟着妈妈生活，妈妈这边的家人可能会全盘否定父亲；孩子跟着爸爸生活，爸爸这边的家人可能会对妈妈的评价不够客观。这实际上对孩子是一种伤害。

处理好父母离异带来的影响是特殊的生活经历，也是重要的心理建设。有些孩子会因为父母离婚而自责，认为父母离婚了都是因为自己不好，从而自卑自弃，实际上孩子是没有责任的。因此，父母要明确地告诉孩子，离婚是爸妈之间的事情，不是你的错，我们依然爱你，我们会像以前一样关心你的成长。

陶继新　夫妻离婚之后，双方不仅不能放弃对孩子的义务与爱，甚至还要"变本加厉"地多给孩子一些持续而健康的爱，这更是对家长智慧的考验。

第

贰

章

孩子需要理性的爱

一、有利于孩子成长的理性爱

陶继新　您在开设讲座的时候，谈到"孩子需要理性爱"这个话题。请谈谈什么是理性爱。

孙云晓　理性爱实际上是指一种真正对孩子成长有利的爱。天下之爱莫过于父母爱孩子，爱得很深，好多事不管怎么做归根结底都是为孩子好，这是许多父母的心理。但是，有些爱可能是溺爱或者是专制的爱，并不有利于孩子的健康成长。教育之所以伟大，正因它是一种理性的爱，是真正对孩子成长有利的爱，而不是自以为是的爱。因为这是家庭教育的核心问题，所以我写了《孩子需要理性爱》这本书来深入探讨，并且给父母们提供一些具体可行的建议。

《中华人民共和国家庭教育促进法》（以下简称《家庭教育促进法》——编者注）对家庭教育提出五项基本要求：第一，尊重未成年人身心发展规律和个性差异；第二，尊重未成年人人格尊严，保护未成年人隐私权和个人信息，保障未成年人合法权益；第三，遵循家庭教育特点，贯彻科学的家庭教育理念和方法；第四，家庭教育、学校教育、社会教育紧密结合、协调一致；第五，结合实际情况采取灵活多样的措施。

请注意，五种基本要求里，第一条是尊重，第二条还是尊重，就是要求父母理性爱孩子。有些父母偷看孩子的日记，说是关心孩子，怕孩子出问题，但是侵犯了孩子隐私权，这是孩子不可接受的做法。有的父母甚至把孩子日记里面写的性幻想告诉老师，认为孩子思想很肮脏，请老师好好教育他，结果让孩子无地自容，连自己的家都不愿意回了。这就是自以为是的爱，对孩子伤害极大。所以说，父母关心和教育孩子的时候，要先想一想，自己这么做对孩子是不是真正有利。

理性爱还有一些法律的支持与规范，比如联合国的《国际儿童权利公约》和《中华人民共和国未成年人保护法》规定，18 岁以下的儿童或称未成年人，拥有四种基本权利，即生存权、发展权、受保护权和参与权。理性爱体现了对儿童四种权利的尊重。比方说生存权，父母很关心孩子，这不是恩赐，而是监护人应尽的责任。儿童的发展权是什么意思呢？孩子有发展自己多种潜能的需要，不能只要求孩子学习文化课。比方说，有的孩子喜欢画画，父母不能说你学习不好，还画什么画。有的小孩喜欢写作，偷偷地写小说，父母给烧了，说现在考学不考这个，这个对你没用，会毁了你的。这些孩子有一点儿特长，有一点儿兴趣，都是极为珍贵的，如果父母将其扼杀了，这就是非理性的爱。非理性的爱有多种表现，甚至有许多疯狂的做法，对孩子的成长会造成严重误导和伤害，绝非一句"我都是为你好"能够解释甚至弥补的。

陶继新　父母需要尊重孩子，在人格上，孩子和家长是平等的。如果父母对孩子不尊重，就不可能构建一种良好的亲子关系，家庭就没有幸福可言。而家庭一旦没有幸福、和谐、愉悦，就有可能发生争吵、训斥甚至暴力事件。

同时，您谈到家长不要扼杀孩子的爱好与特长也是很有道理的。我在《中国教育报》2024年1月27日第4版上发表了一篇通讯报道《搭建平台 成就梦想——江苏省丹阳高级中学创新人才培养览胜》，其中写到一个在绘画方面很有天赋的女生姜心怡。学校虽然从各个方面为其绘画潜能的开发提供支持，可她的家长认为美术只能作为一个人的爱好，并不支持。

为此，班主任李哲民老师将姜心怡的家长请到学校，并请清华大学美术学院冯祖光博士与家长谈了姜心怡的绘画天赋，以及如此行走下去的美好前景。由此，家长的疑虑方才烟消云散，并全力支持孩子走绘画之路。

在2020年高考中，姜心怡取得佳绩，顺利进入清华大学美术学院学习。梦想成真的姜心怡同学在感恩老师的支持与关怀的同时，也更爱她的父母，而她的父母也为有这么一个出类拔萃的女儿而自豪。

孙云晓 现在有一个先进的理念叫作"儿童友好"，简而言之就是尊重儿童优先的原则，理性地对待儿童，做儿童友好的父母与教师，给孩子真正需要的爱、真正有利于孩子一生成长的爱。

值得注意的是，许多父母的做法是完全忽视孩子的。比方说有一个父亲是乡村医生，母亲病危之际，他把儿子叫来了，让儿子在奶奶床前跪下发誓，一定要学医，一定要成为一名医生，治好奶奶的病。儿子不喜欢学医，但是没办法违抗父亲，只好跪在奶奶床前发誓。结果，他考上了某军医大学。大学二年级开始学习人体解剖课程，他进去一看到尸体就晕过去了，醒过来后冲出教室疯跑，最后跑到湖边差点儿丧生，后来精神失常。这个案例中的父亲就是非理性的，他只站在自己的角度激发孩子的责任，却没有考虑孩子的智能特点与潜能优势，没有考虑孩子的人生志向，结果导致了悲剧的发生。

有多少孩子因为选择了不适合自己的方向而痛苦一生。多年做未成年人的研究与教育工作，我有一个个人判断，高中生高考后选择专业方向的时候，一半左右的孩子是不会做出自己的选择的，他们听从父母的要求，却往往在进入大学甚至工作后因为专业选择不当而倍感遗憾和懊悔。所以，理性爱就是给孩子真正的爱，就是鼓励和支持孩子走适合自己的人生之路。

陶继新　是啊！理性爱不是仅凭父母的想法来决定孩子未来的命运，还要考虑孩子的爱好和特长。不是只看当下之利，更要看孩子未来的发展，要给孩子一定的选择权。

我同学在儿子成长的历程中始终对他的选择给予尊重。上高中时孩子选择理科，作为学文科出身的父亲，他还是坚决支持了孩子；高考报考志愿，孩子填报的全部是生物专业，他给予了赞许；孩子毕业后想出国深造，他也给予了最大支持；孩子获得硕士学位回国，开始在一家国企工作，却在工作一年之后辞职，远离家乡，闯荡江湖。我的同学虽然担忧，仍然尊重了孩子的选择。孩子远赴成都，努力工作。在人事任命书上，公司要求各部门同事要以他为榜样，不断超越自我。孩子从父母那里获得了尊重与信任，在远离家乡的城市闯出了一番自己喜欢的事业，并呈现出一种蓬勃的精神气象。

孙云晓　您说得很对。父母爱孩子，在人生大事上，为孩子出谋划策，同时也要尊重孩子的选择，让他走好自己的人生路。

二、新时代需要强大的父母

陶继新 您曾呼吁过新时代需要强大的父母。可否谈谈什么是强大的父母？为什么需要强大的父母？

孙云晓 强大的父母就是理性爱孩子的父母。为什么我呼唤新时代需要强大的父母呢？中国的青少年已经发出"强国有我"的呐喊，他们被称为"强国一代"，是民族复兴的重要一代，而强国一代自然需要强大的父母。

没有强大的父母，怎么会有强大的子女呢？我读过德国的家庭教育教材，很想借鉴发达国家的经验。我感到很震撼的是，德国的家庭教育教材的主题，就是强大的父母、强大的子女。这种视角值得我们借鉴，因为有些人太容易贬低父母。例如，有些人认为这一代父母是不合格的，这是非常片面和极端的，是不符合实际的。今日父母当然存在一些问题，但是如果看不到他们的优点和潜能，看不到绝大多数父母的责任感，是不能够正确对待他们的。如果贬低父母成风，会让这一代父母感到自己很卑微，很无能，甚至崩溃，认为自己根本就教不好孩子，如此，家庭教育还有什么希望？

我们做过许多调查，也看过一些研究报告，我觉得中国多数父母都是尽责的，有很多父母还是很有理性爱的，并且富有创造性，所以我觉得我们这个新时代特别需要有一大批强大的父母。父母要强大起来，才能把我们的孩子培养成强大的子女，这是实现中国梦和教育强国的必然要求。

《家庭教育促进法》要求父母要承担起家庭教育的主体责任，而能够用心承担起主体责任的父母，就是强大的父母。父母该怎样承担起主体责任？《家庭教育促进法》提出了"五六九"的要求，即五个要求、六项内容和九种方法。可以说，"记住五六九，教子不发愁"，这就是强大父母的成长之路。

陶继新　谈到这里，我不由得想起了我曾经采写过的长春市的一位母亲沙彦华和她的盲人儿子孙岩的故事。

母亲沙彦华相信孙岩的智力水平完全可以适应正常小学的学习，与身体健全的孩子一起学习与生活。经过努力，长春市一所重点小学在对孙岩进行考核之后，决定接收他并让他直接插班上二年级。

不久，家长们发现，孙岩的到来并没有影响到自己孩子的学习，相反，刻苦好学的盲童成了他们教育自己孩子的榜样。两个月过后的期中考试，孙岩成绩排名全年级第一。原本反对孙岩入学的家长，现在不但不希望他离开，反而在上学和放学的路上，都嘱咐自己的孩子要与他同行，老师更是将孙岩作为同学们学习的典范。

孙岩不仅走进了健全孩子的环境，也实现了一次又一次的精神飞跃。他被评为全国十佳少先队员、全国自强模范。2003年考入中央音乐学院古典钢琴专业，后被保送为该校的研究生；在几十个国家进行钢琴演奏百余场，并引起强烈反响。

在少时练琴的日子里，为了练好一首曲子，妈妈让姥姥在桌子上摆上300根火柴，每弹完一曲，就拿掉一根，直到300根火柴拿完才能停止。

　　这样一弹就是五六个小时！两腿坐得麻木了，汗水浸湿了衣服，这对于一个小孩子来说，无异于一场超乎寻常的体力和意志的考验。他的那双手，不仅特别疼痛，还会磨出水泡，浸出鲜血。为了不影响指尖的敏感，孙岩需要不断地削去指茧，有时削得过了，指尖渗出了鲜血，他还要忍着疼去练，但他会用弹琴消减这种痛苦。他说，自己太爱钢琴了，这是他的全部生命。他不会为了全部的生命而计较区区小事，那些痛苦波折，都会在这种对生命的挚爱中烟消云散。

　　在采访沙彦华的时候，说到动情处她也会流泪不止，可她的脸上总会洋溢出一种坚不可摧而又灿烂的笑容。可以说，正是沙彦华这位极其强大的母亲，才培养出了孙岩这样一个非常强大的孩子。

　　孙云晓　您讲的这个案例太精彩了，很经典，所以说强大的父母就在我们身边。或者说，在我们身边的很多父母身上存在着某些强大的品质，可能没有您说的这个案例这么突出，但都有各自的特点，都是非常可贵的，看到这些就看到了希望。

　　比方说有一个北京妈妈，她告诉我，她是孩子所在学校闻名的"拉闸妈妈"。我问什么叫拉闸妈妈，她说到了晚上 10 点，她一定让全家熄灯睡觉。孩子急了，说作业没写完，她说健康第一，睡眠很重要，要保证充足睡眠，一定要按时睡觉，作业写不完再想办法，也可以给老师解释一下。

　　时间长了之后，孩子知道妈妈每晚都坚决"拉闸"，10 点前都会抓紧写作业，既保证了睡眠，学习成绩也很好。我觉得这就是一个强大的妈妈，在多数孩子睡眠不足的情况下成为逆行者，她能保证孩子睡眠充足，其非凡的智慧与勇气令人敬佩。

陶继新 我自认为是一个心理强大的父亲，不管遇到什么挫折我都以笑待之，尤其是在孩子面前，我会让她们感到，父亲很强大，甚至到了坚不可摧的地步。这便于无声处传递到两个女儿身上，她们也具有了强大的心理，而这些，又传递到她们的孩子身上。

大女儿的女儿，也就是我的外孙女，2024年暑假她没有先回家，而是参加了学校组织的支教活动。在山村里，被蚊子咬得身上起血泡，她却不以为意，还为能参加这样的活动感到自豪。

支教一结束，她就到山东电视台体育休闲频道实习，并作为编导在一周内制作了一期20分钟的节目。第一次从事这项工作，困难之多超乎想象。可她百折不挠，还通过电话连线的方式，对在巴黎奥运会赛场上获得金、银牌的两位冠亚军进行了采访。节目在电视台播出后，收到了非常理想的效果。

随后，她写了一篇《知难而进，终有所获》的文章，我给您读一下其中的一段话："这次实践对于锻造我的百折不挠的品质起到了很大的作用，如果遇到波折就垂头丧气，裹足不前，那必然会一无所获，终生也不会有大的成就。相反，正是在破解一个又一个难题的时候，我拥有了书本上不可能学到的本领，并在心中生成了一种前所未有的自信心与自豪感。而这些，不仅让我感到喜悦和幸福，同时也坚定了我在未来的成长中也要奋斗不止、一往无前的信心。"

这篇文章我连续读了几遍，从中读出了她的坚韧不拔，以及那颗强大的心。这既让我感到欣慰，又深感自豪。

三、对成绩期待太高并非理智

陶继新　在一次讲座时，您说到北京师范大学做了一个调查，显示有七成以上的四年级小学生的父母要求孩子要考到前十名。那么，这个调查得出的数据说明了什么问题？

孙云晓　这说明了父母的高期望。今日父母很普遍的一个特点，就是对孩子期望过高，希望孩子考高分升名校。我为什么注意到这个数据呢？就是因为父母这种期望是非理性的，却如此之普遍。前十名不就十个吗？

父母过高的要求很可能让孩子感到无奈，甚至因恐惧而产生怨恨。孩子的智力发展或者努力程度有差异，总会出现成绩的差异，所以父母对孩子提出不合理的要求时，给孩子的压力乃至伤害是很大的。父母可能觉得自己就是为了激励孩子更加努力，但提出的却是他很难达到甚至永远达不到的目标，这不是让孩子陷入绝境吗？

好的教育是让孩子跳一跳就能摘到果子。我举一个成功的例子，您肯定知道上海市闸北第八中学，一所以"成功教育"闻名全国的初中。我经过深入采访，为他们写过一部长篇报告文学——《唤醒巨人》，后收入《成功智力——比智商更重要的潜能》一书。

这所中学所倡导的成功教育是怎么鼓励孩子的呢？

曾经的闸北八中是一所薄弱初中，入学的新生中留级生占37%。闸北八中成立了一个实验班，目标是争取达到人人学习成绩合格的水平。第一次物理考试，女生小张只考了7分，再一了解，小张小学就留级3年，基础很差。老师就来帮她，同学也来帮她，希望她将来能考得好一点儿。又该考物理了，老师说，这次能考得好一点儿吗？小张说不可能，肯定考不好。老师鼓励道，小张啊，前进一步就是胜利，多考1分就是成功，你只要能够多考1分，我们就奖励你。小张回答，多考1分是可能的，但肯定不及格。这次物理考试，小张很努力，考了37分。班主任是女老师，过来与她拥抱，说小张你是咱们全校进步最大的学生！从7分到37分不是进步最大的吗？全班为她鼓掌，小张很受鼓舞，坚持继续努力，后来在全区的物理统考中达到67分，这就是一种理性的鼓励教育。

前进一步就是成功，这是一个积极进取的教育理念。如果父母跟孩子说，你这次考试比过去有一点点进步就了不起，我们希望你能够不断有进步。面对这样的理性要求，孩子觉得是有可能实现的，也容易增强信心。这种鼓励是正向的鼓励，而且是一种积极的鼓励，所以孩子就会有信心。

我在中国青少年研究中心主持过关于独生子女人格与教育的课题研究。我们发现中小学生一般有四种学习需要：第一是认知需要，第二是发展需要，第三是报答需要，第四是竞争需要。其中最良性的需要是认知需要，最糟糕、最可怕的需要就是偏重竞争需要，因为把学习目标定位于单一地超过别人是危险的。这可能会产生一些恶性竞争，孩子会人格扭曲，甚至导致互相伤害的悲剧。

所以说，期望过高，要求过于苛刻是不合理的，我们需要变非理性的爱为理性的爱。

陶继新　对孩子期望值过高是一种非理性行为。事实上，即使是同一个家庭的孩子，某个阶段的考试成绩也未必一样。比如我的大女儿上高中时成绩很好，考上了山东大学；可二女儿上高中时成绩就不太好，考取的是浙江广播电视高等专科学校。对此，我非但不生气，反而很高兴。高考完，二女儿有点儿担心，认为专科也未必考上。我就宽慰她说："你干什么都行，即使考不上大学，做个小生意，也一定会做得风生水起！"因为她以善待人，社会交往能力很强。事实上，她进入专科学校后，非常努力，成绩越来越好，并且获得了奖学金。此后，又考上了中国传媒大学本科，随后考取了该校的研究生。

其实，每一个孩子都拥有巨大的潜能，只不过有的时候这种潜能没有被激发出来。家长的激发与鼓励，往往会给孩子很大的力量，让其身上的潜能勃然而发，从而生成很大的生命能量。

孙云晓　正是由于理性的爱，您给她的鼓励和支持，让她后来获得理想的发展。对于青少年的成长来说，父母的态度至为关键。

陶继新 孩子的未来发展，到底是由家长做主，还是孩子做主呢？

孙云晓 这是一个特别值得千家万户思考的问题，因为选择是否得当影响孩子一生的发展与幸福。比方说，孩子将来往哪个方向发展？是学理科还是学文科？是学金融还是师范？这个时候有些父母觉得这关系到孩子的前途，往往就对孩子说你懂什么，我过的桥比你走的路都多，我吃的盐比你吃的米都多，你得听我的。家长往往就替孩子做主，甚至当孩子的兴趣一露头，或者刚刚表现出某种潜能的时候，就予以否定或打击，说这个事玩不得，咱家没这个基因，没有优势，你就好好学习吧。

孩子的兴趣与选择是影响其未来发展的关键因素，这个时候一定要尊重孩子。举个例子，有一个妈妈，她的女儿在北京上学，高考分数特别高，高到什么程度？北大或清华可以自由选择。但是女儿想选择中国人民公安大学涉外警务专业，父母倍感纠结，可女儿很坚定，父母想想孩子有孩子的道理，还是支持了她。女孩现已进入这个专业的研究生阶段。

上述案例给我们一个什么启发呢？我们这一代人的选择逻辑，往往是一种饥饿逻辑。在饥饿年代长大的人，特别希望有"铁饭碗",例如做公务员、老师、医生。但是,今天的孩子不是在饥饿年代长大的,没有饥饿逻辑,而是拥有兴趣逻辑。今天的青少年特别重视自己所拥有的潜能优势,渴望走适合自己的人生道路,这是基于时代进步和生活幸福的选择,是更加合理的选择。

我有个朋友的儿子,小学五年级的时候吃了一次西餐,觉得很神奇,从此就迷上了做西餐,家长便给他配备了一些设备和餐具。没想到,到了高三的时候孩子还痴迷于此,父母就急了,高考也不考做西餐,做这个有什么用?不耽误学习吗?可是,孩子就是喜欢并且坚持做。他有两大兴趣,第一做西餐,第二观察自然,经常探究自然并写观察报告,却不爱写作业。

妈妈没办法,跟学校的老师商量能不能让孩子以观察研究报告代替作业,老师勉强同意了。这个孩子后来申请剑桥大学生物学专业的时候带了两样东西,第一是他的自然研究报告,第二是西餐图片集。老师看中这个中国考生研究能力很强,探究了很多问题,而且西餐做得这么漂亮,这么热爱生活,对他优先录取。

这个案例值得我们反思,当孩子有一种兴趣产生,或者是潜能显露之后,父母不一定喜欢,甚至不一定理解,但需要以尊重的态度尽快地了解,及时给予孩子支持。哪怕孩子后来兴趣转移了,但只要努力探索过,就是成长。父母切忌简单粗暴地扼杀孩子的兴趣,说什么这不行那不行,逼孩子走一条独木桥,必须这么走过去,这样对孩子是一种伤害。

陶继新　其实,有的时候我孩子的选择我也不同意。大学毕业后,大女儿成为有正式编制的记者,26 岁就成为首席编辑。可是有一天，她突然跟我说想把工作辞了，我坚决反对，她便没再言语。不料没过几天，她已经办完辞职手续，要到一家公司工作。既然如此，我就不能再反对，而是给予支持。

我告诉女儿，即使失败，也可以在原地爬起来，去探寻新的路径。趁年轻，去干自己喜欢的事，适应未来的挑战，也许是一个明智的选择。无论精神上还是经济上，家庭永远是她坚强的后盾。

女儿选择的路并不是一帆风顺的，这也磨炼了她的意志，让她具备了百折不挠的精神品质。以前她是一个不善言说的孩子，在这家公司南跑北奔的学习与活动中，她的演讲水平得到了锻炼，不管在任何环境中，她讲起话来都是从容自若。

后来，为了外孙女的学习与发展，她辞去工作，在培养女儿的同时，研究起家庭教育，而且一发不可收，取得了非常可喜的成绩，成为很受家长欢迎的家教专家。我和大女儿一起讲课的时候，听者普遍认为她已经超越了我，可谓"后生可畏，焉知来者之不如今也"。最重要的是，大女儿有着终身学习的兴趣和能力，并有了实现自身价值的愉悦。

孙云晓 所以说《家庭教育促进法》对父母们的五个要求中，第一是尊重，第二还是尊重。尊重就是一种理性的爱。

陶继新 尊重太重要了，尊重孩子的选择，即使让孩子受一些苦，经历一些磨难，也不是坏事，反而对孩子的发展有利。

孙云晓 教育孩子的前提是尊重孩子，尊重孩子的前提是理解孩子。没有理解和尊重，就没有真正的爱。

五、如何对待青春期孩子的叛逆

陶继新 现在还有这样一种情况，处于青春期的孩子有叛逆者增多和叛逆期提前的趋势，而有的家长对此束手无策、心焦如焚。您在这方面很有研究，那么请问，如何对待青春期孩子的叛逆？

孙云晓 青春期的孩子需要更多的理解和尊重，而打压只能是雪上加霜。一说青春期孩子，许多人就会指责孩子叛逆、顶嘴、不讲道理。可家长是否思考过孩子为什么叛逆？因为他要走自己的路，叛逆是长大的需要，孩子开始有了自己的想法和选择，这不是很正常、很合理甚至很可喜的变化吗？什么是对待青春期孩子的理性爱呢？就是说，面对青春期的孩子，要多听少说，即"大耳朵小嘴巴"，原则就是两个词——共情和划界。

什么叫共情？家长可以告诉孩子：我们理解你的情绪，你有什么想法，你有什么委屈，你有什么愿望，都可以说出来，我们愿意倾听，相信有办法化解矛盾。这就叫倾听共情，我愿意倾听你的诉说，我理解你现在的愤怒，但我并没有说你这么做是对的。实际上，孩子说得多，他的怨气就会减少。

第二步就是要划界，即分析引导。父母听到孩子讲了很多后可以说：我刚才仔细听了你的诉说，我发现你有几点是对的，然后逐一说明对在哪里，随后指出另外几点不对，或者指出值得讨论的地方。那么你这样说的时候，孩子一听你愿意听我讲话，还听出来我讲的有些地方对，然后不对的地方你又给我指出来了，孩子可能会心悦诚服，原有的冲突就会化解了。所以，跟青春期孩子沟通不能采取命令主义，而需要多倾听、多协商、多谈判，这对于亲子双方都是有益的方式方法。

我可以举两个非常典型的例子，来说明怎么对待青春期孩子的问题，探寻理性爱和非理性爱的界限与后果。

这两个案例在《孩子需要理性爱》一书中有详细介绍，也可以总结为两个怀孕女孩的命运为何有天壤之别。

第一个是北京的学生，她和男同学谈恋爱，被老师发现了，遭到了严厉批评的同时禁止她与男同学交往，后来家里也知道了，家里更不允许。结果双方一压，孩子在家里待不下去，学校也去不了，于是离家出走，同居在外。时间长了，女孩怀孕了，这个男生说我们就是要把孩子生出来，因为我们不是闹着玩的，我们是真心相爱。

孩子生出来了，两个人傻眼了，因为没有钱养孩子。怎么办？男孩子上街抢劫，抢了几个手机后被抓起来了，被判处抢劫罪。北京电视台曾经为这个案例采访过我。

第二个案例是一个理性爱的案例。东北有一个进城务工的家庭，高二的女儿有一天扑通一下跪倒在妈妈面前，说她怀孕了，号啕大哭，泪流满面地说她不想活了！

妈妈目瞪口呆，我的天啊，这是什么事！妈妈简直就要崩溃了。

妈妈很快反应过来了，说闺女你不要怕，跟妈妈走。她跟女儿商量后，两人去医院做妇科检查，检查证实真怀孕了，医生建议做人工流产。妈妈说，做了之后回家好好休息，休息 20 天，咱们跟学校就说做急性阑尾炎手术，谁都不知道内情，连你爸爸也不会知道，你就好好休息。做了流产手术后，妈妈好好陪着，精心呵护，一句责备的话都没有。女儿感动得热泪盈眶，说妈妈你是世界上最好的妈妈，我一定要成为一个让你骄傲的女儿！女儿渐渐地康复了，努力学习考上北京著名的大学，后来又到美国留学读研究生，发展得很好。

没有一个女孩的父母希望自己的孩子在青春期怀孕，但是一旦碰上这样的事，简单粗暴的训斥可能导致后患无穷。孩子生出来怎么办呢？谁能对小生命负责？正值青春期的父母又该怎么发展？而理性处理就能够转危为安，成为一种动力、人生的教训。所以，我们要慎重对待青春期的孩子。

陶继新 如果一个孩子在青春期之前的心理结构、人格结构、爱的体验、被尊重的体验、存在的确定性等，都可以从家庭中得到，其内心就会有一种特别坚定而幸福的感受，认为我是被爱的，我是有价值的，到了青春期就不会发生太大的问题。相反，如果一个孩子在青春期之前得不到他本应得到的爱，就不可能拥有一种坚定而幸福的感觉，进而错误地采取对抗或者自我放弃的方式，形成叛逆的"性格"。所以，关键是家长要将亲子关系调整到健康的模式，只有父母觉醒，才能真正去保卫孩子的青春。孩子的精神一旦被唤醒，就会显示出巨大的生命力量。

孙云晓 可以总结为一句话：好的关系胜过许多教育，关系好教育才能好，关系不好教育一定失败。改变教育从改变关系开始，改变孩子从改变父母开始。生活中经常可以发现，孩子往往比父母讲道理。你对孩子很理性、很关爱、很体贴，孩子怎么可能叛逆？

陶继新 不可能！因为孩子充分感受到了来自父母的爱，而且他也爱着父母，双方共同构建了一个非常温馨的家庭。

孙云晓 问题孩子往往出自问题家庭，比方说亲子关系不好、沟通方法不当，冲突多了就会暴露出问题。

分享一个数据，北京师范大学中国基础教育质量监测协同创新中心 2018 年发布的《全国家庭教育状况调查报告》，该报告覆盖全国 11 万余名四年级学生、7 万余名八年级学生和他们的 3 万余名班主任。调查显示，中小学生对父母最不满意的第一条就是说话不算话，言而无信。例如，好多父母鼓励孩子好好学习，说你考到前几名，我们带你去外地玩。孩子信以为真，真的拼命努力，终于考到了前几名，问咱们哪天出发，这时父母食言了，说哪有时间啊，以后再说吧。此事便没有下文了。这样言而无信，孩子怎么可能信服父母。

陶继新 父母言而无信，孩子也就不相信父母。"人而无信，不知其可也。"一个人不讲信用，是无法立足的，在社会上如是，在家庭中也如是。对待青春期的孩子，父母尤其要讲诚信，不然很有可能在原本并不和谐的亲子关系上火上浇油。

孙云晓 父母言而无信，孩子便可能不再相信父母，这是非常惨痛的教训。

六、让筋疲力尽的家长走脱出来

陶继新 现在有些父母教育孩子的时候，感到困难重重，甚至到了筋疲力尽的程度。请问，有没有解决这个问题的办法？

孙云晓 这是一个非常值得注意的问题，很多父母教育孩子筋疲力尽，常有力不从心的感觉。中华全国妇女联合会儿童工作部 2015 年发布《第二次全国家庭教育现状调查报告》，该调查覆盖北京、天津等 28 个省区市的 93 个市县，发放问卷 10 200 份（详见孙云晓主编《中国家庭教育蓝皮书（2015）》，教育科学出版社 2016 年版——编者注）。调查显示，父母在家庭教育中面临四大困难："不知道用什么方法教育孩子"的父母占 47.4%；"辅导孩子学习力不从心"的占 40%；"太忙，没有时间"的占 37%；"不了解孩子的想法"的占 30.3%。有些父母甚至有崩溃的感觉。

实际上这里就有一个很重要的问题，我们说孩子需要理性爱，那父母更需要理性的成长，获得理性的力量。我最近在看一个德国心理咨询师的著作，她特别嘱咐妈妈，要多爱自己，爱自己才能爱别人，因为悦己才能悦人。作为父母也好，作为女性也好，一定要充分认识自己的价值，每个人都是有尊严的，都是有价值的，也都是有潜力的。要认可自己的工作，比方说带着一个孩子、两个孩子、三个孩子，甚至主要工作是带孩子，女性的工作就很有价值，甚至很了不起，不需要与他人攀比。当然，人要作出选择，原来的负担太重，有好多事不适合自己做，或者不应该自己做，就要把它划掉，或者合理安排。同时要看到自己身上的优点，重视自己的兴趣，发现自己的潜能，才能过上快乐幸福的生活。

父母的确要有这样一个成长过程。父母们谁没有潜能，谁没有爱好，谁没有需要？所以父母本身的成长特别重要。北京有一对夫妻是我的朋友，他俩都很优秀，有两个孩子，一儿一女。他们夫妻不仅经常带孩子去全国各地旅行，还保持每周要单独有个约会，如夫妻一块儿去看个电影，一块儿去喝一杯，尽享二人独有的世界。我觉得这就是一种很好的生活，父母不能因为孩子而失去自己的生活。

不久前，我见了一个亲戚的孩子，也是一位年轻的妈妈。我一直觉得她了不起，她带着两个孩子，家里既不请老人帮忙，也不请保姆，两个孩子带得很好，亲子关系很是依恋，孩子成长很顺利。我问她累不累烦不烦，她说她现在明白这就是她的工作，这就是她的价值。生活中我们会发现，有些父母物质条件优越，请一个保姆不够就请俩，有的做饭，有的管孩子，而父母不管孩子，跟孩子的感情自然疏远，甚至矛盾越来越多，这是很不明智的选择。所以，《家庭教育促进法》倡导九种家庭教育方式方法，第一种方法就是"亲自养育，加强亲子陪伴"。

再忙碌的父母都可以成为好父母。有位女演员每天很忙，带着两个孩子，她说她晚上基本上不出去应酬，在家里陪伴孩子。如果在外有特别重要的事情，她也一定在晚上 8 点之前回家。我觉得这就是有理性爱的母亲，很了不起。这位演员的可贵之处是很有定力，虽然她的工作性质让她常在外奔波，但她深知陪伴孩子的重要性，陪伴孩子其实是很有价值的事情。

所以说，不论何种职业，父母自身的调整和充实，可以让自己发现陪伴孩子的乐趣与智慧，同时带动自身的成长与成熟，让生活越来越美好。

陶继新 您说到父母要发现自身的价值，我这里就有一个典型的案例。

济南市长清区孝里初级中学工会主席马骏的母亲是区级非遗水煎包的传承人，虽年近九旬，但她和儿子、儿媳一起做社区志愿者，给孤寡老人做水煎包。谈起母亲，马骏很自豪，他说老人给他们做出了榜样，他们夫妇在工作上兢兢业业，热心公益。他们的女儿马淑雯是尼山世界儒学中心青年讲师，也热衷公益。人们在称赞这家人的良好家风之时，也被他们乐在其中的精神所感染。

家长之所以疲惫的另一个原因，就是没有充分相信孩子，大包大揽，反而抱怨孩子不听话。我妹妹就是一个充分相信孩子并大胆放权的家长。她的小女儿从一年级开始做饭，从高中到研究生的学费都是假期做家教赚的。毕业后她在三家单位应聘成功，因男友应聘到烟台一家大企业工作，她也想进入。当时应聘时间已过，她找到董事长的手机号，直接打了过去。通话不到20分钟，董事长就决定要她进入公司。

家长如果不忍心让孩子受苦受累，自己包办一切，就会忙得不可开交，反而扼杀了孩子的潜能。

孙云晓 我给鄂尔多斯的一位教育工作者的书所写的序言里有

句话很精辟，即"好孩子是指靠出来的"。什么意思？就是我们现在好多父母舍不得"用"孩子，怕孩子太累太忙，什么都不让他做，结果孩子变得懒惰、娇气，甚至麻木不仁。这位父亲什么都让孩子干，就跟你妹妹对孩子一样。现实是经常被指靠的孩子变得很能干，越能干越自信，因为他的生活经验很丰富，社会实践能力很强，这才是真本领。

陶继新　我妹妹只是一个初中毕业生，可她知道让孩子多干，这不是害孩子，而是爱孩子，是为了让孩子形成终身受用的能力和品质。

孙云晓　穷人的孩子早当家，这个穷现在并不是指真的穷，比如吃不上饭，而是说有智慧的父母把很多锻炼的机会给了孩子，让孩子多干。与此相反，家长越包办代替，孩子越无能，越无能者越自卑、自弃。包办代替的实质是一种剥夺，剥夺了孩子发展的机会与希望。孩子之所以需要理性爱，是因为理性爱真正有益于孩子的成长，是激发孩子成长为巨人的力量。

第叁章

良好习惯缔造健康人格

一、培育健康人格是教育的核心

陶继新 很多人认为，孩子考试成绩好是教育的关键，您却说培育健康人格是教育的核心，为什么？

孙云晓 我们教育孩子的目标是要培养一个有爱心、有责任感、有进取精神的人，也就是说要培养有道德、有理想、有正确价值观的人，这样的目标就是将健康人格作为教育的核心追求。一个人有没有健康的人格，对其一生的发展具有决定性意义。

关于人格的定义有很多，我特别赞同奥尔波特的说法，即人格是决定人的独特的行为和思想的个人内部的身心系统的动力组织。就是说，在决定你成为一个什么样的人，往哪个方向走，怎么生活，怎么对待别人，怎么对待自己，怎么对待社会等方面，人格起着决定性的作用。具体来说，一个孩子有没有主动性，有没有自制力，有没有稳定的情绪，这些都反映出这个孩子的人格特点。

在《良好习惯缔造健康人格》一书中，我详细地介绍了什么是健康人格，也论述了习惯与人格的关系，以及习惯培养的具体方法。其中，我举了一个经典案例来说明健康人格的重要作用。

北京师范大学著名心理学教授陈会昌先生与他的研究团队，对 208 个孩子自 2 岁起持续跟踪研究 24 年，有许多重要的发现。我与陈教授是几十年的老朋友，我去拜访他，说能不能告诉我这项研究最重要的发现是什么。他说最重要的发现，就是在那些优质发展的孩子身上存在着三颗种子，第一是主动性，第二是自制力，第三是情绪稳定，而这三颗种子就是健康人格的核心要素。

什么是主动性呢？比方说有兴趣，有爱好，有追求，有梦想，有很积极主动的生活。自制力就是有规则，有底线，遵纪守法，按规则做事。情绪稳定则是比较乐观，抗挫折能力比较强。陈教授团队的发现等于给了我们三把尺子，当你想知道孩子的发展水平与前景如何，是不是健康，是不是表现出他的潜质时，看看这三颗种子，你就能了解孩子。为什么叫种子？种子是生命，是生长，它不是停止的，它的生长过程就是健康人格的培养过程。所以说，培养健康人格是教育的核心目标。

陶继新　孔子的母亲颜徵在，她就是一位注重人格培养的伟大母亲。孔子3岁丧父之后，就是在她的教育下，形成健康人格又饱读诗书的。孔子17岁时，母亲不幸离世，可孔子并没有一蹶不振，而是奋发图强，终成伟大的教育家和思想家。

孔子的教学总纲"志于道，据于德，依于仁，游于艺"，都与健康人格有关系。孔子不但有文本课程"六经"——《诗》《书》《礼》《易》《乐》《春秋》，还有实践课程"六艺"——礼、乐、射、御、书、数。而"游于艺"之"艺"，则与健康人格的锻造有着密不可分的关系。所以他说："人而不仁，如礼何？人而不仁，如乐何？"一个人没有仁德，他怎么能实行礼呢？一个人没有仁德，他怎么能运用乐呢？

孔子对《诗经》逐一整理编撰，使其各得其所，这显然花费了很大的工夫，可孔子认为，这又是必须做的工作。而要让弟子们学到"尽美"又"尽善"的《诗经》，非"乐正"不可。

当我们听到高雅、优美的乐曲时，会不自觉地受到高尚情操的陶冶。只有外在之美与内在之质和谐为一时，才能抵达教化的最高境界。

同时，孔子也特别注意对儿子孔鲤人格的培养，他告诫儿子："不学礼，无以立。"不学习，不践行礼，就没有了立身之本。孔子也认为，培育健康人格是教育的核心。

孙云晓　您讲了多位强大的父亲和母亲，他们最重要的目标都是培养孩子健康的人格，这就是符合成长规律的教育，古今中外莫过于此。

二、良好习惯与健康人格的关系

陶继新 您特别关注孩子良好习惯的养成，那么，良好习惯与健康人格是什么关系呢？

孙云晓 行为习惯与人格是什么样的关系呢？习惯是人格的基础，人格是习惯的导向，两者既相互影响又相辅相成。美国心理学家华生对人格和习惯的关系曾有过一个有趣的比喻：人格是一个人在反应方面的全部资产和债务。资产是那些适应环境的习惯，债务是人对环境适应欠缺或阻碍自己适应环境的行为习惯。当一个人的人格已经"资不抵债"和"赤字"累累时，再来通过培养好习惯塑造人格，为时已晚。我在中国青少年研究中心期间，曾经连续 10 年主持全国教育科学规划课题，专门做少年儿童行为习惯与人格的关系的研究，我们认为，良好习惯是健康人格的基础，要以健康人格为方向来培养儿童的习惯。

习惯与人格之间是什么关系呢？比方说一个人他有认真负责的习惯，这就是健康人格的一个特点。比如，认真负责的人接受了任务之后，他一定要认真地思考，要做计划，还会征求大家的意见，这一系列的行为就是习惯。与此相反，有的人接到任务马马虎虎，做起来也是三心二意，并不认真做，这种不良习惯体现出其人格的缺陷。所以说，习惯和人格的关系是非常密切的。

有心理学家认为，习惯是人格的派生物。在某种意义上可以说培养好习惯就是培养健康人格，养成坏习惯就会催生扭曲的人格。对儿童来说，你跟他谈人格是什么他不理解，但是他知道要有礼貌，要尊重别人，要合作，要守规则，要积极进取和乐观，这些他都可以明白，而这些习惯与品质就是为健康人格奠基的。所以，我关于习惯研究的专著就名为《良好习惯缔造健康人格》。

陶继新 教育是什么？往简单方面说就一句话，养成良好的习惯。学校教育是这样，家庭教育也如是。

孙云晓 俄国教育家乌申斯基也说过类似的话，他的意思是说好习惯是我们存放在神经系统中的资本，如果你有了好的习惯，会一辈子享受不尽它的利息；如果你有了坏的习惯，会一辈子都偿还不完它的债务。坏习惯会以它不断增长的债务，让你将来破产。这个意思就是说，好习惯像利息，坏习惯像债务。当资不抵债的时候，人生就会破产，坏习惯太多的时候，人格就扭曲，必然会失败，会有灾祸；好习惯多的时候你会受益，会长久幸福。我们的研究也认为，习惯是人格的一种基础，是健全人格的重要因素，所以说培养良好的习惯，是培养健康人格极为有效的途径。

陶继新 良好习惯是构成健康人格的必要条件。

比如您从小喜欢读书，憧憬着成为一位作家，于是，读书就成了您的习惯，您从书中汲取了精神营养，并在无形中升华了自己的人格。后来的写作以及成为作家，也就有了水到渠成之势。而且，您又把真善美自然而然地融入作品中，从而能创作出既有文化品位又有人格张力的佳作。

孙云晓　我为什么写《梦想是成长的发动机》这本书呢？就是因为少年时代养成了阅读与写作的习惯，而它成就了我的一生。我特别感谢那一年与文学相遇。我家里原本一本课外书都没有，但是11岁那年意外得到一批文学名著，简直是干柴遇到了烈火。我连续读了一个多月，养成了阅读习惯，而且产生了强烈的梦想。我的感受是文学太迷人了，作家太伟大了，我要看更多的书，我要成为一个作家！我完全没想到，少年时代的一个习惯和一个梦想改变了自己一生。

陶继新　读与写已经成了您一生的习惯，在改变您的人生的同时，也融入了您的作品，而作品中的精神也在影响着一代又一代的人，从而让他们的人格也健康起来。

孙云晓　养成了阅读的习惯以后，我就到处找书看。我现在出差路上包里不装上一两本书，就像没带身份证一样不安，必须与书为伴心里才安稳。同时，好习惯还具有迁移的特点，我的阅读习惯就迁移到了写作方面。我从15岁写日记，写了50多年，其实没有任何人逼我写，我却坚持了半个多世纪，《梦想是成长的发动机》这本书就是以我50多年的日记为基础写成的。

1970 年的孙云晓 15 岁，时为青岛
第十六中学初二学生

2000 年，参观挪威首都奥斯陆维
格兰雕塑公园，与《愤怒的小男
孩》合影

陶继新　每天反复做的事情造就了我们，卓越不是一种行为，而是一种习惯。您之所以卓越，与您的读书习惯有着一种内在的联系。

孙云晓　坚持 50 多年的习惯，体会自然深切，我会一直这样做下去。

陶继新　习惯一旦养成，就像安装了一个自动发动机，它会自然发动，不驱而行。

孙云晓　回首往事，我感慨万千，我曾经写过一段话："养成阅读习惯等于在心里头装了一台成长的发动机。养成阅读的习惯，人一辈子不寂寞；养不成阅读的习惯，人会经常不知所措。"

陶继新　我也有这个感觉。经常有人问我："你30岁才考上专科，到底怎么走到今天的？"我说原因不止一条，其中至关重要的一条就是喜欢读书和写作，已经形成了习惯，而且成了我整个生命的一种必需品，缺之不可。我还发现一个有趣的现象，就是我写作的时候，思维飞扬，特别兴奋，甚至饭量比一般时候都要大。

孙云晓　我和您有同样的体会。我写得最疯狂的一次，连续写17个小时，夜以继日地写一位女地质学家的探险经历，着了魔一样地写，什么都顾不上了，全部心思都在创作上。这篇题为《南极第一女性》的报告文学，后来在中国最具影响力的文学刊物之一的《人民文学》杂志发表。

陶继新　您已经达到孔子所说的"发愤忘食，乐以忘忧"的境界了。

孙云晓　我创作长篇儿童小说《金猴小队》的时候，是把上海的故事放在青岛写，因为我有青岛的童年生活体验——对大海和高山左右逢源。连续写了将近一个月，写到开心处兴奋得笔都握不住，自己写的儿童人物把自己都逗乐了。这太好玩了，因为人物活了之后，每个人都有独特的性格，他要走他的路，他要说他的话，他要按他的方式生活，像犟牛拉不回来一样。由此可见，没有丰富多彩的生活积累，即使有文学梦也是难以实现的。

陶继新　因为您的感情也全部融进去了，恰如文学评论大师刘勰所言"情动而辞发"。您丰富的感情、特殊的阅历，让存储于心中的语言情不自禁地喷发出来，所以，也就有了文美意丰的作品。而读者在读您的作品时，也便有了"披文以入情"之妙。

孙云晓　曹雪芹说得对，"世事洞明皆学问，人情练达即文章"。任何作家都需要读书，也要有丰富的生活阅历，不然写出的作品便可能乏味。

三、培育孩子好习惯为何难以如愿

陶继新 现在有这样一个问题，有的父母也希望培养孩子的习惯，可总是不能如愿以偿，这是怎么回事呢？

孙云晓 这个问题非常有代表性，全国妇联儿童工作部发布的第二次全国家庭教育现状调查发现，父母们所重视的教育问题中，第一个就是习惯培养。但是好多父母难以如愿，因为往往是父母很积极，孩子不积极。父母认为很重要，孩子不觉得很重要，怎么可能养成习惯呢？这就是说，父母需要掌握习惯培养的一些规律，有两个规律很关键：第一，培养好习惯一定要激发孩子内动力，唤起孩子内在的需要，一定让孩子体验到他很需要，他很喜欢，这种需求很适合他，他才能够如饥似渴，才会积极主动。就像我第一次读到文学名著一样，如获至宝，眼界大开，充满了幸福感，觉得我看到了一个新的世界，看到了那么精彩的人生、那么多可爱的人物，我太喜欢了，就像吃了蜜糖一样。家长通过暗示也好，明示也好，让孩子体验到一种富有魅力的生活。例如，带孩子旅行，孩子为什么兴奋？他觉得这太美好了，因为看到一个新世界，感受到一种新生活。所以说，一定要有一种激发性的体验，才能触动他的心。斯坦福大学一位教授说，一次体验就能养成习惯。意思是说，如一见钟情一样，一次很美好的体验，可能产生一种强烈的吸引力，使你特别愿意尝试。因此，培养习惯一定要激发孩子内在的需要，把其内动力激发出来。

第二个规律是，成功的体验越多，习惯越能坚持下去；失败的体验越多，越可能放弃。父母不仅要给孩子正向的引导，还需要让孩子获得成功的体验，让他内动力充足。成功的体验多了，他就会自觉自愿地坚持下去并养成习惯。

2016 年 10 月，山东滨州，在首届中国家长节发表题为《好父母与孩子一起成长》的演讲

陶继新　还有一点也很重要，就是家长的习惯对孩子产生的影响。比如为了培养外孙女良好的阅读习惯，我采取了以下两种办法。

一是在她还不会说话的时候，我便有意在她身边经常诵读古代经典，有时她会很好奇地听着，有的时候会天真地笑着点点头。

二是创设无意识学习的氛围，在她玩玩具、吃饭甚至将近入睡的时候，不间断地播放古代经典。一台录音机用坏了，就再买一台，连续买过四台录音机。

在她只会吐一个字的时候，我就尝试着看她是不是背会了一些经典。比如，我背诵"学而时习之，不亦乐乎"的时候，最后一个字不背，而她总会马上背诵出来。尽管她还无法用语言全部表达出来，那些名句却已经被她默记在心。小学毕业时，她已背诵了七八万字的古代经典，小学语文课本中的课文，读上两遍，即会背诵。我很欣慰，因为我在她的心里种下了一颗爱读书的种子，这颗种子会在生根发芽之后，长出青枝绿叶，累累硕果。如您前面说的，养成好习惯，一辈子享受不尽它的利息。

孙云晓　如教育家所言，家庭是培养习惯的学校，父母是培养习惯的老师。

陶继新　所以家长要从小培养孩子的好习惯。

孙云晓　无数人的成长经历足以证明，童年养成的习惯可能影响一生。两院院士、清华大学教授张维，曾经是钱学森教授在北京第二实验小学的同学。他回忆到，那时候男生喜欢玩一种折叠纸镖游戏，比谁的镖飞得远。每次比赛，钱学森的镖总是飞得最远。什么缘故呢？后来发现他的镖折叠得十分规整，对称而精致。投掷时镖出手的仰角适当。因此，他扔出去的镖直线飞向前，不左右偏移或摆动。钱学森童年时做游戏就肯动脑筋，做起玩具也非常认真，与他后来在治学中的严谨作风和深入探讨物质运动规律的学术精神是分不开的。

怀特海有句话说得很精辟：什么是教育？当你把在学校学到的知识忘掉，剩下的就是教育。那什么是忘不掉的呢？显然，习惯是忘不掉的。我在北京师范大学参加过一个关于习惯培养的研讨会，心理学家林崇德教授在会上说了个更生动形象的比喻："什么是习惯？就是心里痒痒的。"就是说当有了某个习惯，只要你不做，心里就痒痒的，做了就心静如水。这些说法，都形象说明了行为习惯的特点。

陶继新 让孩子形成规则意识，也是培养好习惯的一种办法。我家小区不远处是一所小学，以前没有在学校路段安装红绿灯的时候，车辆堵塞严重。虽然前几年有交警指挥，依然堵得水泄不通。可自从安装上红绿灯后，交警少了，也没闯红灯者。这让我想到对孩子规则意识培养的重要性，因为孩子一旦形成规则意识就会依规而行，久而久之，自然也就养成了良好的习惯。

孙云晓 是的，规则意识的培养对于孩子良好习惯的养成非常重要，也反映出习惯与人格的密切关系。

四、如何养成好习惯

陶继新　好习惯对孩子的成长如此重要，那么，好习惯究竟怎么养成呢？

孙云晓　好习惯肯定是坚持再坚持的结果，但是怎么能够长期坚持？这里面有规律值得探究。我研究多年习惯问题，注意到麻省理工学院科学家们的研究成果。他们做了很多实验，发现了习惯养成的规律，即人的三个神经逻辑回路：第一个是暗示，第二个是惯常行为，第三个是奖赏。他们甚至认为只要掌握了暗示和奖赏这两个关键的环节，人就可能养成习惯。

麻省理工学院发现的这个原理是这样的：人在生活中得到某种暗示，认为某种行为特别好、特别喜欢、特别向往，在这种暗示的吸引下，人会产生尝试的欲望，就会出现一种惯常行为。当模仿多了之后，会获得一个结果，如果获得了奖赏或者成功的体验，那么就会愿意继续坚持下去，久而久之就成了习惯。如果尝试的结果是失败，是倒霉的，你会觉得这个事做不得，就会放弃，习惯养成便失败了。

就像您刚才讲的规则。我遵守规则，安全就是对我的奖赏；我不守规则，灾祸就是对我的惩罚，我就不能那么做，看别人因为违规受到惩罚，我就更不能那么做。

所以说，我们在培养孩子习惯的时候一定要遵循这个规律，要让他得到一个很好的暗示，然后鼓励他坚持，让他有成功的体验，激发出他的内动力，而这就符合习惯养成的一个基本规律。

陶继新 一两次奖赏不可能使孩子形成良好的习惯，可每次做得好的时候都给予奖赏，时间一长，孩子不仅品尝到受到奖赏时心灵愉悦的感觉，而且会把做好事情固化成一种惯性思维，从而升华成一种好的习惯。

我采访过"华之梦教育 e 积分"创始人、华之梦教育集团董事长李维新，并撰写了长篇通讯《为教育圆梦，幸福天下师生》，分6 期先后在《中国教育报》上发表。

"e 积分"的精髓，就是变罚为奖，操作简单，容易执行。"赋分就是赋能"，是对孩子进行点对点评价，是对孩子的爱、接纳、肯定，给了孩子行为的边界和成长的方向。

在实施过程中，老师及时发现孩子的优点，及时奖分，不断激励孩子找到自己的价值、自信、进步的勇气。孩子每次得分后，会得到多次激励：得分、填奖票、家长领奖票、晨会宣读奖票、快乐会议抽奖时也都有激励……每一次激励都是对孩子正向能力的强化。

如此积分会让"生为夸己者学"，也会在学生的心里积淀一种积极的思维："我能行！"从形式上看"e 积分"是一种外在激励，久而久之，它就会在学生的心里衍变成一种内在动力，进而生成习惯，跟随其一生。

孙云晓　您刚才讲了一个很关键的问题，即孩子为什么能够养成习惯：当他获得成功的体验时，就会持续下去，逐渐养成习惯。

上海闸北八中多年来的成功教育效果显著，其核心理念是什么？叫作变反复失败为反复成功，他们的理念是反复成功的孩子越来越好，反复失败的孩子越来越差。怎么获得成功体验？就是低起点、小步子、多活动、勤反馈。"跳一跳摘果子"的说法很智慧，当起点低，孩子便能达到，起点太高了孩子会难以达到。所以，习惯养成教育需要遵循规律，讲究方法。

五、如何改变坏习惯

陶继新　好习惯助推孩子成长，坏习惯则影响孩子成长，那么，有没有改变坏习惯的好办法？

孙云晓　如何改变坏习惯？我们的研究中发现这样一个窍门：用一个好习惯替代坏习惯，或者用一种好行为替代不好的行为，与此同时采取适当的奖惩措施。

我来给大家举个例子，很多父母都会很头疼孩子写作业时坐不住。北京一个妈妈，她儿子读五年级，写一小时作业站起来七回，不到十分钟就站起来转一圈，看看冰箱有什么好吃的，看看哪里有好玩的，学习很不专心。后来妈妈请教一个专家，决定采取几个措施，效果很好。什么措施呢？妈妈跟儿子说："儿子你很有潜力，你一定能学好。但是我刚才看你怎么写一小时作业站起来七回，是不是有点儿多了？"儿子一听，他也没数过，觉得不好意思。妈妈说："儿子我看你写一小时作业站起来三回就差不多了。"儿子说："三回就三回。"妈妈说："你要能做到一小时站起来不超过三回，晚上六点中央电视台的动画片随便看。"儿子一听兴奋至极，他就喜欢看动画片，表示一定做到一小时不超过三回。妈妈说："你先别高兴，有奖励就得有惩罚，如果说你一小时站起来超过三回，当天晚上动画片就不能看了，对不对？"儿子说对，他肯定不超过三回。

母子约好了，结果儿子第一个星期三天就做到了一小时不超过三回，到了晚上六点大摇大摆地看动画片，感到很开心。但是，有两天他就忘了，超过了三回。到了晚上央求妈妈让他看动画片，妈妈说男子汉说话算话，怎么能言而无信。孩子急得蹦高也不能看，牢记了教训。第二个星期孩子坐在那儿写作业，一写作业就想站起来，一想自己只有三次机会，得省着点儿用，争取能够看动画片。经过努力，第一个月就做到了一小时不超过三回，第二个月妈妈又减了一回，即不超过两回，第三个月不超过一回，一小时站一回是正常的。至此，孩子用好习惯替代了坏习惯。

后来我总结了这位妈妈的经验，发现了习惯培养的一个简单方法——加减法，即培养好习惯用加法，改正坏习惯用减法。这个孩子本来是一小时站起来七回，让他一次都不许站起来，他做不到，会很难受。妈妈说他可以降到三回，他觉得可以接受，这样分寸恰当的引导很有智慧。怎么能做到有效的奖惩？一定要用孩子很喜欢很在意的方式方法才有效。看动画片是孩子喜欢的事情，以此为依据设置奖惩规则就有吸引力，也很艺术。

我老伴特别逗，她为了培养小外孙的好习惯，说他做好某件事情以后，给他一朵大红花，这是姥姥从北京带来的大红花。小外孙才 3 岁多，他不明白大红花是什么东西。后来我们说："你做好了，你爸爸会带你去放飞无人机，去博物馆参观。"小外孙这才兴奋起来，因为他喜欢这样新奇的奖励。

引导孩子改掉坏习惯的时候，要用一个好的行为来替代一个不好的行为，并且结合奖惩的方法，这样的做法会比较有效。

陶继新 改变坏习惯，并非一蹴而就的事情，需要一个循序渐进的过程。坏习惯的养成也是一个由小到大的过程，而将处于萌芽状态的坏习惯及时解决掉，则相对容易，最好要像《学记》上说的"禁于未发"，即在孩子的不良行为还没有发生时就加以防止，因为"发然后禁，则扞格而不胜"，当孩子的问题出现了家长再去禁止，无论用什么强硬的办法，也无法使问题完全消除。

孙云晓 陶老师讲得特别好，对坏习惯的纠正要注重第一次。叶圣陶先生的孙子叶永和回忆的一件事，让我特有感触。叶家吃饭的时候，他惦记着玩，迅速吃完，匆忙离开餐桌，然后就往外跑，拉开门来不及关就跑了，留下砰的一声巨响。叶圣陶先生腾地站起来，说把门再关一次。他不听，拔腿躲到北屋。没想到爷爷追在后边，把他拽了回来，还是要求他把门再关一次。叶永和多少年后都难以忘记这个细节。

叶圣陶先生这种培养孩子习惯的做法值得回味，在追孙子的时候，他始终就一句话：把门再关一次。很多父母容易犯什么错误呢？就是批评孩子某个不良行为时可能会带出很多话，比如我看你这个坏小子将来就不会好、老惹祸，然后说一大堆缺点，孩子就不得要领了，不知道自己到底错在哪里，只是觉得自己是个坏孩子。叶圣陶的智慧之处，就是简单明了，只要求孙子把门再关一次。所以说，改变坏习惯要有智慧。

陶继新 不仅家庭教育，学校教育也要抓好习惯养成教育，形成合力，产生更大的效益。我曾采访过山东省聊城市东昌府区英特学校，并在《中国教育报》为其做过报道，其中就写到他们的习惯养成教育。为了有效科普如何正确洗手，教师利用立规养习课和主题班会课，积极引导学生开展相关话题的交流，并通过实践操作，杜绝"病从口入"。学校还将剪指甲、洗澡、勤换洗衣物等列为周末生活作业，要求学生认真完成，并倡导学生在自己"洗好手"的同时"指导"家人在餐前和如厕后"洗好手"，学生也体会到了与家人共同学习、共同进步的幸福感。

孙云晓　教育的有效性依赖于教育的一致性。家庭和学校同心合力，就能更好地培养孩子的良好习惯。

六、关注重要习惯的培养

陶继新　在家庭教育中，有关孩子的习惯比较多，那么，您认为哪些习惯特别重要呢？

孙云晓　我在《9个好习惯成就孩子一生》一书及其音频课程里，倡导培养孩子养成喜欢阅读、勤于写作、善于表达、勇于质疑、自我管理、认真负责、用好媒介、坚持运动、积极乐观等习惯。养成这9个好习惯必将使孩子终身受益，其中有几个习惯是最关键的，如阅读、写作、表达、负责、运动。

具体来说，养成阅读习惯等于在孩子心里装了一台成长的发动机，能够使其真正做到终身学习和探索世界。写作与表达的习惯即学会思考与表达，学会与人沟通，孩子能够在众人面前表达一个观点，说明一个意思，讲一个故事，很可能会终身受益。

当然每个孩子有差异，有的孩子特别喜欢运动，有的孩子喜欢劳动，有的责任感很强，等等。父母要根据自己孩子的特点，优先培养几个习惯。我少年时代养成的阅读、写作和演讲习惯，成就了我一生的发展。我体验出一个成长规律，一个人如果能够养成三五个重要的习惯，必定会终身受益。

一个习惯可能影响人的一生。我曾讲过时任国际奥委会驻中国首席代表、天津女子李红的案例。

在北京奥运会的时候她曾接受记者采访，好多记者见李红这么年轻，却达到这样的高度，表示羡慕，纷纷问她是怎么做到的。李红说，自己是从小跑步跑进国际奥委会的。小学一年级的时候，爸爸说："红儿我要送你个生日礼物，每天陪你跑步。"李红很高兴，她喜欢爸爸陪着自己跑步。每天早晨从家门口跑到天津奥林匹克中心体育场，大概 3 000 米，再跑回来，总计约 6 000 米。没想到，爸爸毅力非凡，陪女儿一跑跑了 12 年，跑到女儿高中毕业。运动改变大脑，此时的李红身体健康，精力充沛，意志顽强，品学兼优。习惯运动的人并非四肢发达、头脑简单，而是四肢发达、头脑不简单。后来李红考上了清华大学，升入大学以后，父母不在身边，习惯还能坚持吗？ 12 年养成的习惯是非常牢固的。李红每天下午 4 点在清华的操场上跑 1 万米。到美国留学期间，依然是天天跑步。国际奥委会总部设在瑞士，当时正在物色一个驻中国的首席代表，要求必须是有中国国籍的中国人，还要求中英文都很好，并有一定的运动水平。通过各种考察、测试，李红的成绩出类拔萃，终于成为国际奥委会驻中国首席代表。由此可见，一个运动的习惯成就了李红的一生。可以说，习惯培养是最直接最简单的教育，也是最重要最有效的教育。

陶继新　在我所采访的中小学学生中，但凡养成读书与写作习惯者，发展都非常好。比如 20 世纪 80 年代我曾采访过上海市中学生第三届语文听说读写比赛第一名吴帆，问其过关斩将的秘诀，她脱口而出："家庭的影响是一个至关重要的原因。"

吴帆的祖母非常喜欢小说，尤其是外国小说，个人还发表过小说。小的时候，祖母就给她讲读了许多名著。在小学高年级与初中阶段，她便阅读了几十部世界名著，科技、史地、哲学、美学等方面的书也读了很多，父亲还给她订了《人民文学》《新华文摘》《诗刊》等杂志。

吴帆的阅读兴趣还延伸到写作。除了每天写观察日记，各种文体的作文都去写，只要有灵感就愿意写，在报刊上发表了十多篇作品。她还做文摘簿，把各方面的知识摘录下来并加以分类编排，配上图画。

我问她这样学习会不会影响到其他学科的成绩呢？她肯定地说不会，因为掌握科学的学习方法很重要，这不是兴趣可以代替的，但又可以使兴趣永存，变成一生的习惯。

直到今天，吴帆已经取得了很大的成绩，依然在坚持读与写。

另外，从您所谈的李红的故事来说，养成锻炼身体的好习惯也至关重要。因为锻炼不但可以增强体质、有益健康，还可以将积压在心里的某些不良情绪驱赶出去；身体健壮者，多有旺盛的精力，这也在无形中提升了学习的效率与质量。

习惯的力量滴水穿石。因此，中小学生养成良好的学习、生活习惯很重要，父母应当承担起这个责任。比如告诉孩子放学回家的第一件事就是完成作业，放长假作业较多时应有计划地完成。开始的时候，家长需要提醒甚至监督，久而久之，家长严格规范作业标准，孩子形成习惯之后，即使家长不在家，也能够认真完成作业。另外，家长要引导孩子，把房间里的东西每隔一段时间整理一次，包括书籍、书包及衣柜等。

孙云晓 您说得很对。许多优秀的学生都有自我管理的习惯，因为最好的管理是自我管理。比方说几点睡觉，几点起床，几点写作业，几点运动，几点阅读，等等，把时间安排得井然有序，久而久之就会达到良好的效果。

在孩子的时间安排方面非常需要尊重孩子的参与权。有些父母培养孩子的成功经验之一就是注重培养其自我管理的习惯，并且与孩子商量。做出合理的安排，一定是和孩子商量的，不是命令式的；一定是劳逸结合的，不是忽视孩子健康与正当需求的。孩子自觉自愿，才更有可能养成习惯。

陶继新　您说的按时作息和劳逸结合非常重要，正如《黄帝内经》说"起居有常""不妄作劳"，这不仅有益于身体健康，也会让孩子精神饱满。

孙云晓　我在前面提过，好的教育就是好好过日子，首先要正常生活，有规律地生活。我们小区的电梯里有一个广告吓我一跳，广告宣扬"只做妈妈不做饭"。减轻父母的劳动强度是很好的，但是爸爸妈妈真的都不做饭，这个家还像家吗？这肯定是有问题了。

陶继新　不仅爸爸妈妈要做饭，孩子也要学着做饭。当孩子做出色香味俱佳的饭菜时，会有一种成就感，还可以体验到父母平时做饭的不易，进而孝敬长辈。

孙云晓　家庭教育是做人的教育，实现这个核心目标的重要途径就是培养良好习惯。我在《良好习惯缔造健康人格》一书的封面上，引用了培根的一句名言："习惯是一种顽强而巨大的力量，它主宰着人生。"

陶继新　正所谓"不积跬步，无以至千里"。

第

肆

章

孩子健康成长需要和谐的亲子关系

一、亲子关系是家庭教育的核心

陶继新 家庭教育是一个系统工程，您认为，亲子关系是家庭教育的核心，能谈谈原因吗？

孙云晓 家庭的本质是关系，而家庭教育的核心问题是亲子关系。父母都想教育好孩子，但是他们会发现，与孩子关系不好时，教育是无效的，甚至产生负效应，讲得再好，孩子也不听。

那么，我们需要什么样的家庭？需要什么样的关系？亲子之间首先需要建立一种依恋关系，建立相互理解、相互信任、相互尊重、相互关心这样温暖的密切关系。

《家庭教育促进法》倡导的第一种家庭教育方法就是"亲自养育，加强亲子陪伴"。这句话很专业也很有分量，为什么强调亲自养育，为什么强调加强亲子陪伴？因为这是家庭教育的一个逻辑关系，父母只有亲自养育并加强陪伴，孩子才可能跟你建立起依恋的关系，才会觉得你值得信赖，你是可亲、可信、可敬的。有了这样的关系，教育就是有效的。

问题在于，有些父母从小就把孩子丢给别人管，如丢给爷爷奶奶或者保姆，反正自己不管，说自己要工作、要自由，没时间，这样是难以让孩子和自己建立依恋关系的。孩子将家长视为陌生人，家长就没有资格教育孩子，想教育也教育不好。

生活告诉我们一个道理，没有养就没有教，没有良好的关系，谈不上教育孩子。建立亲密的依恋关系，我觉得要把握孩子 10 岁以前这个黄金期。因为 10 岁以前是孩子依恋父母的阶段，也是一个人崇拜父母的阶段。可以说，10 岁前是决定亲子关系最关键的时期。

孩子 10 岁到 20 岁就进入青春期，开始轻视父母，关注自我，觉得父母和老师说得都不对。但是，如果在 10 岁前打好亲子关系这个基础，就能让孩子很好地度过青春期。20 岁到 30 岁，孩子开始理解父母，紧张的亲子关系有所缓解。等到 40 岁以后，他们才会更理解父母。

父母要心中有数，不可错过教育孩子的黄金时期，一定要亲自养育，加强亲子陪伴。可以说，10 岁前多投入一分，胜过 10 岁后投入百分。

陶继新 父母要积极地陪伴孩子，及时地解决孩子的心理问题，让他感到家庭是心灵的港湾，父母是解开心锁的知心朋友。其实，陪伴孩子是父母的"专利"，而且机不可失，时不再来。父母年轻的时候没有时间陪伴孩子，之后可能终生难以补偿。孩子如果有了从小被父母陪伴的经历与感受，亲子之间就会产生一种美妙的关系，这会弥漫在孩子整个生命时空当中，随着岁月的流逝，这种感觉愈加美妙，也愈发珍贵。

孙云晓 孩子已经充分体验到父母是爱他的，对父母爱自己是确认无疑的，这对于孩子的安全感和信赖感的建立至关重要。前

在深圳市罗湖区翠北实验小学讲课前，与小学生开心聊天

面我讲过，在我们的调查中，20 多年来，在中小学生看来人生最幸福的事情始终是"有温暖的家"。许多人对此很感兴趣，询问有哪些数据。中国青少年研究中心 2015 年的数据显示，10 个选项由高到低依次为："有温暖的家"占 59.4%、"有知心朋友"占 46.9%、"健康"占 19%、"快乐"占 15.6%、"为社会做贡献"占 14.6%、"自由自在"占 10.7%、"受到尊重"占 10.6%、"事业成功"占 6.4%、"有钱"占 2.4%、"有权有势"占 1.9%、"享受"占 1.0%。这组数据时至今日仍是耐人寻味的。在我看来，评价家庭教育成败得失的第一标准，就是看家庭是否温暖。

陶继新 好的家庭关系，父母与孩子平等交流、相互尊重，爱与理解如涓涓细流，滋养心灵。在这种氛围下，孩子内心充盈，以积极之态拥抱生活与学习，并在幸福中持续不断地成长。相反，家庭关系冰冷疏离、矛盾丛生，孩子内心则往往被阴霾笼罩，安全感匮乏，又何谈全身心投入学习与探索？所以，没有稳固和谐的家庭关系作支撑，教育之苗便难以茁壮成长。

二、亲子关系的误区

陶继新　亲子关系如此重要，可是，有的父母却步入了误区，导致亲子关系出现了问题。

孙云晓　亲子关系有两大误区，也可以说是两个极端：一是专制，二是放任。专制型表现在一切都是大人说了算，不重视孩子的意见，孩子的权利被剥夺。放任表现在溺爱，一些父母觉得孩子要自由、要有个性，所以助长孩子的不良行为。比方说，餐桌上本应该专心吃饭，但是好多父母先给孩子把手机、平板电脑架上，因为只要这样，再闹腾的孩子也会安静下来，结果可能导致孩子养成不看手机或平板电脑就不吃饭的坏习惯。这就是父母对孩子过度迁就、溺爱的后果，久而久之养成习惯更难以改变了，这是对孩子很大的伤害，因为这不仅对孩子消化不利，而且容易使其养成注意力不集中的恶习。所以说，专制和放任都是对孩子的伤害。

陶继新　您说得很有道理，专制的家长根本不尊重孩子，在家里不会给孩子相应的权利，他认为，你是我生的、我养的，你不听我的怎么能行呢？如若不听，轻则训斥，重则打骂。不过，在这里我对这种专制型家长有两问——

第一问，你把他管得很严，一点儿也不尊重他的时候，他很是难堪，虽然口服了，但心服了吗？第二问，孩子长大成人后，他对你还会尊重吗？

而溺爱型家长正好相反。他们对孩子太过放纵，导致孩子从小就为所欲为，即使出现恶言恶行，家长也听之任之，甚至当发现孩子出现了很大的问题时，也一意迁就，最终酿成恶果，悔之晚矣。我有一个朋友，善良勤劳，但是他对儿子特别溺爱。他的儿子骗父母的钱，连续很多年都是如此。我曾很严肃地对他说，这样下去非常危险。朋友却笑着说："他也没骗别人的，不就是我家的钱叫他花了吗？"结果这个孩子骗父母的钱屡屡得手后，又将手伸向了家庭之外，最终受到法律的制裁。

孙云晓 美国心理学家鲍姆林德提出四种教养方式，即权威型、溺爱型、忽视型和专制型，反映出不同类型的亲子关系。权威型父母理性且民主，既尊重孩子又严格要求，这是最有利于孩子成长的教养方式。溺爱型父母无条件满足孩子，缺乏严格要求，孩子容易具有依赖性，缺乏恒心和毅力。忽视型父母会导致孩子缺乏指导，容易缺乏适应能力和自我控制力。专制型父母虽然要求严格，但缺乏民主和沟通，孩子容易焦虑、退缩或者叛逆。父母需要反思自己的家庭属于哪种教养方式。

091

陶继新 您说的这四种教养方式中暗含着家庭教育中的一个误区，就是批评多，表扬少。批评需要吗？当然需要。但是，批评要有原则，也需要讲求艺术。有智慧的批评有时还会产生激励作用。有的家庭中，少了表扬，多了批评，搞得家庭亲子关系很不和谐。

比如，有的家长在亲朋好友聚会的时候，大肆表扬某个孩子学习成绩优秀，话题一转，就说起自己的孩子学习成绩之差，从而让孩子大失面子，甚至失了自尊。所以，父母不但要掌握好委婉批评孩子的方法，还要学会表扬孩子的艺术。

孙云晓　父母当然可以批评孩子，但是一定要经常发现他的优点，发现不了孩子优点的父母是有很大欠缺的。比方说，有的父母每天都数落孩子的缺点，这样孩子见了你可能会有条件反射，认为你一张嘴就要说他，他就会逃之夭夭。这样紧张的亲子关系，根本谈不上有何教育效果。

陶继新　我采访过深圳市光明中学班主任钟杰。这位全国优秀教师在表扬学生时很有艺术，还将技艺传授给更多的家长。

钟老师告诉家长，在亲朋好友面前可以略微"夸大其词"地表扬孩子。比如，说孩子学习非常勤奋又特别孝顺，让孩子很有荣光。即使孩子在这方面没有父母所言那么优秀，也可给他一个积极的心理暗示，此后他会在校学习更加努力，在家更加孝敬父母。

钟老师还向家长们传授了另一个技巧，就是在"背后"表扬孩子。父母各向对方表扬孩子，并让对方作为"传声筒"让孩子知晓自己对他的夸奖。钟老师在这方面颇有经验，她经常在儿子面前说："你老爸在我面前说起你来，简直把你吹到天上了，搞得我都有点儿不服气了。"孩子听着尽管有点儿出入，可心里美滋滋的，更爱自己的爸爸了。钟老师的先生也不甘拜下风，经常在钟老师不在的时候对儿子说："你在你老妈眼里样样都好，她甚至认为你是世界上最好的孩子。"于是，儿子认为妈妈最疼爱自己，最看重自己。如此三来两往，亲子关系好了，孩子的心情也好了。有了好的心情，孩子身体健康，学习效率也更高，一举多得。

父母表扬孩子要有的放矢，既要考虑表扬的场合，又要关注孩子的性格；如果是兄弟姐妹几人，父母在表扬他们的时候，既不能厚此薄彼，也不能概而论之，要就事论事，让表扬产生更大的效应。

孙云晓 有一次在浙江讲课，我讲首先要发现孩子的优点。有一个妈妈就站起来说："孙教授，真的很遗憾，我的女儿一个优点都没有，您要不信的话，我把她叫来，您看看她是不是没有一个优点。"这位妈妈还说让女儿来，10分钟就能赶到。听到这里我就乐了，我说："我听您刚才的介绍，您女儿至少有两个优点：第一个听话，妈妈让来就来；第二个来得很快，10分钟就能赶到。这不是优点吗？"

孩子的缺点确实存在，但是如果家长始终发现不了他们的优点，很难给孩子激励。不要忘记，孩子是研究大人的专家，孩子对大人的评价很敏感，只有经常发现孩子的优点并且及时鼓励孩子，孩子才会有自信心，亲子关系也会和谐密切。

陶继新 家长真正相信自己孩子的时候，就会在无形中给他一个积极的心理暗示，让他内心充满了"我能行"的信念。如果整天说"你看某某孩子成绩多好，你考得差，不会有什么出息的"，这就在无形中给了孩子一个消极的心理暗示——"我不行"。时间长了，孩子会丧失自我。

孙云晓 陶行知说，要把孩子从成人的残酷里解放出来，这话说得很重，既批评成年人的专制，也批评成年人的忽视。孩子看世界的时候眼睛亮亮的，是跃跃欲试的，当他觉得自己拥有巨大潜能的时候，他会十分兴奋，充满了要大干一场的欲望，怎么能不相信他？怎么能不给他机会？而这就需要有好的亲子关系，尤其是父母要对孩子非常理解和尊重。

目前，家庭教育还有一个误区，就是随意性太强，缺少规则意识。

陶继新　是的，国有国法，家有家规，家规可以让家长和孩子有规可依。怎样制定家规呢？家长不能自己说了算，建议跟孩子共同讨论甚至争论，最后形成统一意见，一旦形成规则，每个人都要遵守。

广西百色一个高中学生沉迷手机游戏，家长用了各种方法，都无济于事。于是，他们找到班主任黎志新老师请求帮助。黎老师说，孩子玩起游戏来多会沉浸其中，建议家长和孩子共同商讨并制定手机使用规则。经过商定，家长给孩子明确玩游戏的时间和时长，孩子自觉将手机放在书房或客厅，开学后不带手机到学校。由于孩子参与了规则制定，所以必须遵守。渐渐地，他不再沉溺于游戏，成绩越来越好，家庭关系也变得和谐。

全家人长期遵守家规后，就会形成一种良好的家庭文化，内化于心，外化于行。家庭文化一旦形成，家长就不用过多唠叨，而是用家规来说话。特别要注意的是，家规不仅是制约孩子的，也是管束父母的。只有所有家庭成员都遵守规则时，才能真正形成优质的家庭文化。

三、解释风格深刻影响亲子关系

陶继新　您有一个观点：解释风格深刻影响亲子关系。对此，不少家长并不清楚，能详细地说一下吗？

孙云晓　这个问题很有意思。当我们谈到亲子关系的时候，谈到健康人格的时候，父母的解释风格特别重要。天下父母都是孩子的法官，愿意评价孩子各种行为，但是父母的评价基本上是两类：一类是积极评价，一类是消极评价，也可以说是积极解释或者消极解释。这两种解释风格的作用截然相反。

积极心理学认为，父母的解释风格对孩子的人格发展有深刻的影响，如果不加改变的话会影响一辈子。比方说孩子数学考砸了，知道不好交代，编个理由回家说自己最讨厌数学，不想学数学，反正也学不好。好多父母一听这话就炸了锅："你算是完了，将来你就喝西北风，你什么都学不好，我们白养你了。"这就是消极解释。还有一种消极的解释，有的父母怕吓着孩子，心疼孩子，就解释说："孩子，别难过，你为什么学不好数学？因为你爸爸妈妈都没有数学细胞，你也没有，咱家人都没有，咱家人学不好数学是很正常的。"这两种解释都是错误的。

请注意，消极解释包括三个要素：第一个是永久性的——你算是完了，将来就喝西北风，我们白养你了；第二个是普遍性的——你什么都学不好；第三个是人格化的——你天生不是学数学的料。其实，绝大多数的中小学生都是可以做到学好课本上的这些知识的。父母们要变消极的解释为积极的解释，这将对孩子的人格发展产生重大的影响。

陶继新　您所说的三个消极解释的要素，在不少家长身上或多或少或重或轻地反映出来，结果让本来能够走向成功的孩子，在小时候就对未来发展失去了信心。可见，消极解释对孩子的伤害之大是难以想象的，遗憾的是，有的家长却在无意识中长期对孩子进行着消极解释。

孙云晓　什么叫积极的解释？也是这三个要素：永久性、普遍性和人格化。我可以简单地做个示范，比方说孩子考砸了，父母怎么积极解释呢？你可以说，孩子你一定能取得好成绩，你看你以前数学题做得很好，这次考砸了，是因为你没好好准备，有的基础知识没掌握好，有几个环节没弄明白，需要向老师请教，还要再多做一点儿练习，你一定能学好，我们都相信你。孩子听到这样的解释之后，就会感到很温暖：我都考砸了，父母还觉得我有希望能学好，那我就再努力一下。很多时候，孩子再努力一下，成绩就上去了。所以父母要学会积极解释，目光长远，不轻易放弃希望。

解释风格特别重要，不仅仅是亲子之间，夫妻之间、同事之间、朋友之间、上下级之间都需要积极的解释。对这个世界的积极解释，会让自己一辈子乐观向上，否则就会怨天尤人，悲观绝望。

陶继新　我采访过一位青岛女孩王子娇，笔名老咪。一个女孩为什么叫老咪呢？因为在她小的时候，爸爸为她买了一只猫，可她是属鼠的，为化干戈为玉帛，她便给自己取了这个笔名。她幼承家学，读经研易。少年游学英美八载，获得伦敦大学艺术学学士及人类学硕士学位。回国后攻读哲学博士，研究领域为先秦哲学，出版有《易经初解》等专著6本。

老咪少时也有考得不好的时候，爸爸王辉湘总是用鼓励的话语给她自信，告诉她只要用功去学了，得多少分都是取得了成绩。老咪对我说，爸爸一直都特别信任她，家里家外都会很自豪地说自己的女儿是一个天才。这种积极的解释让老咪一直洋溢着乐观向上的精气神，也让她的潜能充分发挥出来。老咪六年级毕业时，我赶往青岛采访她，撰写了《智者老咪——一位当代罕见的少年奇才》。老咪接受采访之言，有道法自然之妙，又有华章溢彩之美，让人惊叹，一方面与爸爸注重中西方文学、哲学的教育有关，同时与爸爸始终如一的积极解释风格密不可分。

孙云晓　您的这个案例特别生动地诠释了积极解释的成果。关于解释风格的分析，受到了积极心理学的启示，与教育密切相关。

陶继新　如果孩子回到家，本来考得差，心里紧张，感到内疚，父母再去严厉训斥，甚至动之以拳脚，势必使孩子更加紧张，影响孩子心理健康，并由此而波及孩子的学习成绩。事实上，每一个孩子都有着巨大的生命潜能，只是有的家长没有把这种潜能开发引导出来，让它一直处于沉睡状态，甚至消失。

孙云晓 积极解释使孩子自信和乐观，消极解释导致孩子悲观和绝望，这是一个规律。

陶继新 不只是家长和孩子，任何人，包括我们自己，都应当有一种积极解释风格。

古往今来，很多大师都是遭受生命磨难的感悟者。这种磨难不是一般意义上的生活经历，而是与生命中的大波折有关，甚至是生死磨难。每一次困苦乃至伤痕都帮助了他们，激发了他们的内在力量。

生活中，很多人沉浸在痛苦中不能自拔，而忽略了从中诞生的最有价值的生命感悟——要将苦难视作一笔不可多得的精神财富，以生成具有透彻生命意义的特殊领悟，进而使自己在经历磨难之后，拥有凤凰涅槃式的再生。

在这方面，我深有体会，正是这种积极解释，让我在一次又一次的磨难波折中起死回生。

孙云晓 您是一位创新型的教育工作者，因为您的想法很大胆，很有特色并且勇于实践，体现出一种积极的人格特质。

四、信息时代代际关系的重要变化

陶继新　信息时代下，您认为代际关系发生了哪些重要的变化？

孙云晓　这个历史性的巨变非常值得关注。我之所以写《文化反哺呼唤共同成长》这本书，主要就是探讨代际关系的变化，提出信息时代两代人如何相互学习、共同成长的方案。

为什么这一代的父母面对孩子的时候经常感到不知所措，以前的父母很有权威性，现在是孩子掌握的信息与技术比父母多，很多信息孩子知道大人不知道。西方的人类学家认为，人类已进入一个后喻文化时代，中国的学者将其解释为文化反哺，意思都是说在信息时代，年轻一代有能力影响甚至教育年长一代。其实，这个巨变就在我们身边，许多中老年人接触到新的电子产品的时候，都习惯于找年轻人帮忙，年轻人虽然不一定专门学过却几乎人人明白，这就是这个时代所发生的变化。早在 1998 年，《人民日报》原总编辑范敬宜退休之后给《人民日报》写过一篇文章《赞"回家问问孙子"》。他写到，一些老科学家、老知识分子在一块开会，讨论到一个新科技产品的问题，好几个人说，这个事我得回家问问我儿子，有的说我回家问问我孙子。范敬宜很感慨，说他们都是知识分子，怎么还得要问问儿子或者问问孙子，这反映了一种历史性的变化。

时代的变化告诉我们一个事实，年轻一代是网络时代的原住民，我们则是移民，我们在短短几十年内，经历了人类的千年之变，由过去用笔写，到现在使用电脑写作，人工智能就更厉害了。这样一个时代决定了两代人需要相互学习共同成长，这是个本质特点。孩子长大的过程是个社会化过程，即由自然人变为社会人，是一个逐步变化的过程。

比方说，有一个5岁的女孩问妈妈，女性能当国家主席吗？妈妈说能当啊，你看有哪些国家的总统或总理是女的。女孩说我长大了要当国家主席。妈妈说太好了，你当了国家主席，我就是"皇太后"。女儿说那可不对，我是国家主席，您还是老百姓，跟您没关系。妈妈就很感慨，女儿比妈妈更有民主的现代观念。其实，这样的例子比比皆是。

陶继新　信息时代，孩子的成长环境与所接受的教育和父辈大相径庭，其中包含着价值取向与道德伦理的变化。如果说前喻文化是指晚辈主要向长辈学习，并喻文化是同辈人之间的互相学习，后喻文化则是指需要长辈反过来向晚辈学习。所以，由年轻一代将知识和文化传递给前辈的现象比比皆是。特别是在数字技术、流行文化、时尚休闲等方面，孩子们具有明显的话语权。

比如说我的微信公众号、视频号和抖音号，我做不了，只好让大女儿代劳。上大三的外孙女写了一篇《新媒体时代AI转绘侵权问题初探》的论文，发来让我"指点"。结果一看，一些新的词语竟然不知所云，更不要说其中一些我闻所未闻的内容了。

　　我感慨不已，又忍不住想：自己是不是真的落伍了？但我不希望自己被时代淘汰，因此也在不断学习，虽然学得比较慢，还是希望能与这个新的时代接轨。

　　孙云晓　您说的这些事情我也很有感触。2005 年，新浪请我开博客，那个时候我还真不知道博客是何物。我女儿在复旦大学的毕业论文就是关于博客的研究。她说，老爸你是公众人物，你应该开博客。我说我不会打字，怎么开。女儿说，我给你当技术总监，帮助你打字。在女儿的鼓励支持下，我就开了我的博客，没想到博客的影响范围太广了，我现在微博粉丝有 500 多万，就是女儿带我走进这个新媒体时代，实现了"换笔"。我们在跟着年轻人走向未来，只有两代人相互学习，共同成长，我们才能适应终身学习型社会，这是一个必然变化，是新时代家庭教育的鲜明特征。在这个背景下，理解孩子，平等交流，尊重儿童权利，就变得特别重要。

　　陶继新　从 1983 年开始在山东教育社做编辑、记者，到后来兼做《中国教育报》山东记者站记者，在 40 多年的时间里，我走遍了中国的大江南北。开始采访的时候，是用笔将内容记在本子上，可记录的速度根本跟不上人说话的速度，一些内容被遗漏在所难免；回到家还要用笔写成文章，花费工夫之大，可想而知。后来学会了五笔打字，每次外出采访，都带着电脑记录采访内容，回来再用电脑写文章，成稿速度与质量有了很大提升。尽管我的打字速度很快，依然难以将采访的全部内容一一记录。前些年，我买了录音笔，回到家再转成文字，素材相对完整，写起文章来也更好更快。去年，我又买了一支可转文字的录音笔，遗憾的是，看了几遍使用说明书依然不知所云。那天大女儿来我家，她一看就明白了，很快将转录步骤写好交付给我。

"弟子不必不如师，师不必贤于弟子。"在我家，女儿不必不如父亲，外孙女和外孙不必不如姥爷，我不必贤于他们。

孙云晓　年轻一代终究会超过我们，后浪超前浪既是规律也是希望。

陶继新　这是时代使然啊！

孙云晓　这是时代的巨变，也是代际关系的巨变。

五、破解父教缺失

陶继新　父教缺失是目前家庭教育中一个比较普遍的问题，如何破解这个难题，进而改善亲子关系呢？

孙云晓　鲁迅先生 1919 年在《新青年》发表文章《我们现在怎样做父亲》，百余年过去了，父教的问题依然存在着。全国妇联儿童工作部发布的第二次全国家庭教育现状调查报告显示，近半数的家庭存在着父教缺失的问题。这是很普遍的现象，我经常去给父母们讲课，来听课的绝大部分都是妈妈，爸爸比较少。

为什么需要强调父教？父教有什么独特的价值？美国学者罗斯·派克写了一本《父亲的角色》，其中有一个观点是，青少年时期的主要目标要在两个方面达成统一：一个方面是亲密性、融合性和联结性，另一个方面是分离性和个体性。男人和女人是以截然不同的方式与他人联系的，女人关注的是联结和亲密，而男人关注的是分离和分化。因此，母亲和父亲互补，为青少年既提供榜样又提供关系。父亲要比母亲为青少年提供更多的自主性支持。所以说父教是不可缺少的，而且父亲承担起教育孩子的责任，也是自身成熟的重要途径。

如何改变父教缺失的状况？首先是要给父亲更多的

理解和支持，多发现并推荐一些父教的榜样。有的地方创办了父范学堂，专门对父教进行研讨，也是很好的方式。

父亲能不能发挥作用，妈妈的态度也很关键。现在高学历妈妈多了，经济上也比较独立，收入甚至不低于丈夫。有的妈妈看着爸爸带孩子笨手笨脚的，可能会有一些怨言或指责，而好多父亲因此就逃之夭夭。明智的妈妈要鼓励父亲参与带娃，给他更多的鼓励和支持。当然，国家和社会也要支持，政策上也需要不断完善。

陶继新 1980年刚工作时，每月工资只有37元，我便用36元买了16卷的《鲁迅全集》，阅读之后，和同事蔡世连共同编著《鲁迅论儿童教育》，并于1985年由山东教育出版社出版。当时，我对鲁迅所写的《我们现在怎样做父亲》颇感兴趣，从1998年开始，便在全国一些地方进行《我们现在怎样做父亲》的讲座。

其实，中国古代就非常重视父亲对孩子的教育，《三字经》中便有"子不教，父之过"的名言。

北宋苏洵是一位家庭教育大家，他为了教育孩子，烧掉了从前写的文章，关起门来潜心读书写文章，而他的妻子承担了所有家庭事务，还卖掉首饰补贴家用。受苏洵的耳濡目染，苏轼、苏辙两兄弟也爱上了读书。苏家父子摆脱功利心，博览群书。后来"三苏"进京，苏轼和苏辙同时金榜题名。苏洵在把两个儿子培养成人才的同时，自己也名震文坛。

孙云晓 "唐宋八大家"，苏门就占了三家，这绝对是父教的一个经典案例。

陶继新　是的，正是苏洵的教育让苏轼和苏辙两兄弟登上了中国古代文学家的辉煌殿堂。不仅古代，我们还可以从晚清曾国藩的《曾国藩家书》、近现代傅雷的《傅雷家书》，以及当代蔡笑晚的《我的事业是父亲》等书中，看到这些父亲是何其重视对孩子的教育！

孙云晓　做一个好父亲的确是伟大的事业。

陶继新　遗憾的是，现在不少父亲忙于事业，疏于教育孩子，认为这是妻子或者长辈必做之事。

孙云晓　其实，有许多父亲是了不起的，我们的社会需要多推介一些好父亲的榜样。比如陶继新老师，您这个父亲当得就非常好。我们对话中您讲述了诸多感人的故事，都是耐人寻味的教育案例。有的父亲会说，其实我很爱孩子，但我工作太忙了，实在是没有时间。我理解许多父亲工作忙，但我认为再忙碌的父亲都可以成为好父亲。

举个例子，我在青岛大学讲父亲的教育。有个女经理听完课感慨万千地说，孙教授您讲的课太好了。我的父亲虽然远在青海工作，常年不回来，但他是最爱我的、给我帮助最大的、最贴心的父亲。我听了觉得诧异，说他常年不在身边，怎么是最爱你的、最好的父亲呢？女经理说，从小学一年级到大学毕业，父亲给她写了 2 000 多封信。

她说："一上学爸爸就给我打电话，说他非常希望收到我的信，我说我还不会写几个字，他说你可以写拼音。后来我就试着给爸爸写了第一封信，爸爸就给我批改，哪儿好哪儿不好，还在信的背面给我写了一封回信。没想到，年复一年，日复一日，爸爸竟然给我写了2 000多封信。"

听了女经理的讲述，我非常感慨，在任何一个人的成长中，谁在你成长的关键时期能与你通信2 000多封？这样的人你能忘得了吗？这样的人能跟你不是亲密无间的吗？这个真实的故事告诉我们一个真理，即使远在天涯海角，即使日理万机，只要你真有爱心、有责任感，你都可以成为好父亲。

陶继新　我也采访过一些父教成功者，比如2022年我采访了全国知名的公益家教专家王庆忠先生，人称"小雨老师"，他不仅运用先进的家教理念和自己的"减法教育"培养了优秀的儿子，自己也由一位优秀的家长成为家庭教育专家。

小雨老师在儿子王昭雨高中三年期间，写了30万字的《衡中家长手记：和儿子一起成长的衡中三年》一书，记录了孩子的成长历程和教子的经验与感悟。儿子看到爸爸在工作如此繁忙的情况下，还在写着他和自己一起成长的故事，很是感动。两人虽然长期难以见上一面，却一直精神相伴，儿子由此产生了巨大的力量，学习越来越努力。高中三年，王昭雨成绩名列前茅，多次获得三好学生，取得生物联赛省一等奖；高考以河北省理科第四名的成绩考入清华大学建筑学院；获得北京市优秀毕业生称号，并以全系综合排名第二名的成绩保送直博。小雨老师对儿子的精神陪伴，给父亲们很大的启示：即使不能天天见面，却可以通过其他载体与孩子进行心灵沟通，并在沟通中共同成长。

有的父母远在他乡打工，怎样陪伴孩子呢？抽出空闲时间，打开手机，通过视频和孩子交流，孩子生日时，发条祝福语。虽然天各一方，却一直有着交流，维系着感情。所以，在孩子身边要陪伴他们，不在时也要陪伴孩子，只不过后者是一种精神陪伴。两者形式不同，可都会让孩子感受到父母的关心与爱护，构建和谐的亲子关系。

孙云晓　家是爱的港湾，父爱与母爱结合起来，才是孩子成长需要的完整的爱。

第

伍

章

梦想是成长的发动机

一、孩子理想发展的关键性因素

陶继新 家长都希望自己的孩子更好地成长,可是并不知道孩子理想发展的关键性因素是什么。在这方面,您有深入的研究,请您谈谈,好吗?

孙云晓 很多家长都很关注孩子怎样才能优质发展和理想发展,我提到过孩子优质发展的关键要素:主动性、自制力。

关于孩子们主动性和自制力的情况,基本上可以分为四类:第一类是理想型的孩子,主动性和自制力都很好。第二类是小绵羊型,自制力很强,但是主动性比较差。第三类是破坏型,主动性非常强,什么都敢做,为所欲为,但自制力差,管不住自己。第四类是游手好闲型,主动性和自制力都弱。

我在新浪微博上谈主动性和自制力这两颗种子时,认为种子是生命的状态,是发展的状态。麻省理工学院中国总面试官蒋佩蓉老师看到了,她说这两颗种子太重要了,开车的人都知道,主动性就是加速踏板,自制力就是刹车踏板,缺一不可。她说得多形象,开车时不踩油门车走得了吗?碰到危险的时候不会刹车,险象难以排除。足以说明这两颗种子在人格发展方面的关键性作用。

父母在培养孩子的时候,特别要注意培养其主动性和自制力，让这两颗种子都生机勃勃，这就是孩子优质发展的关键要素。

陶继新 主动性就是内在的动力。1978 年我有了高考资格，决定好好复习。可我是个农民，每天从早到晚参加生产队的劳动，想请一天假也几无可能。但我参加高考的想法极其强烈，便买了几本复习资料义无反顾地开始了冲锋。

不管盛夏还是严冬，我每天早起晚睡，即使在地里干活也带着资料，休息时便如饥似渴地复习。我和生产队里和我一样准备参加高考的三个年轻人结成冲刺考学的"同盟"，互相勉励，探讨学习。当时劳动强度非常大，时间也特别长，晚上我们还要用马车往地里拉粪。我力气大，驾起马车辕子，其他年轻人在我左右，我们一边用力拉着马车，一边交流学习。有的社员感到十分可笑，没有人认为我们能考上大学。

出乎所有人意料，他们三人全考上了中专，我的高考分数名列全县第二，比第一名只少了 0.25 分，除数学外，每科分数都是全县第一名。今天想来依然激动不已，没有任何人督促，可我们心里却一直澎湃着昂扬向上的学习激情。

动力要有一定的意义和持久性。有的高中生极其努力，可考上大学后很快懈怠下来，丢失了目标，便丢失了动力。我为考大学而拼命时，有走出乡村的动力支持，也有为了让家人过上好生活的追求。后来有了一定的发展，希望实现自己的人生价值，惠及他人。在我的个人网站和抖音号、视频号上，我把自己的座右铭放在首页——"己欲立而立人，己欲达而达人"。正是有了这种持久的动力，我一直努力奋斗着，甚至有一种"不知老之将至"之感。

孙云晓　您刚才讲的坚韧不拔的奋斗经历，就是典型的两颗种子都生机勃勃之人的写照，这是您优质发展的关键因素。

陶继新　除此以外，我还想补充一下，就是要会学和善学。《学记》有言："善学者，师逸而功倍，又从而庸之；不善学者，师勤而功半，又从而怨之。"意思是，善于学习的人，教师费力不大却可以达到事半功倍的效果，而且还会归功于老师；不善于学习的人，老师教得非常辛苦可效果却是事倍功半，而且会抱怨老师。

孙云晓　主动性与自制力是什么关系呢？或许可以说，主动性为人生发展开辟道路，而自制力为主动性保驾护航。

陶继新　您就有着巨大的动力和很强的自制力，所以取得了成功。

孙云晓　我们都在努力奋斗，而行动的结果验证了成长的规律。每个人的成长都证明两颗种子具有关键作用。

陶继新　我一直在奋力前行，从 1978 年考学到现在，即使每年的春节，我也从未停止过学习的脚步。

孙云晓　您就是内动力强大的典型人物。这里还有一个有趣的现象，当一个人有了主动性之后，奋斗过程虽苦犹乐，在别人看来可能是苦不堪言，但自己却感觉其乐无穷。

陶继新 您说的"其乐无穷"太好了！比如读书与写作，对咱们来说，都是一种愉悦。所谓"知之者不如好之者，好之者不如乐之者"。

而且我发现一个有趣的现象，虽然我年龄越来越大，但思维没有固化，反而更加活跃起来，学习效率也越来越高了。

孙云晓 对，用进废退啊。

陶继新 所以不管处于什么年龄，每天都应当听到自己生命拔节的声响。我非常欣赏尼采的一句名言："每一个不曾起舞的日子，都是对生命的辜负。"每天都学有所得，都能有所发展，还会不快乐吗？

孙云晓 要在学习与发展中享受快乐，又要在快乐中学习与发展啊！

二、孩子内动力不足的原因及其对策

陶继新　内动力如此重要，可现在不少孩子的内动力不足，怎么办呢？

孙云晓　孩子的内动力不足是有原因的，比如说他们太焦虑了，太疲惫了。1999 年，我在中国青少年研究中心主持课题研究，调查研究全国中小学生学习发展状况。新华社约我写了个内参，后来在六一儿童节前公开发表了，题目是《近半数的中小学生学习超时睡眠不足》。当时的具体数据是，46.9% 的中小学生没有达到国家规定的睡眠标准 9 小时；67.0% 的城市小学生和 64.6% 的农村小学生每天在校学习时间超过了国家规定标准，即扣除课间休息时间，按 7 小时计算；60.5% 的城市初中生和 61.6% 的农村初中生每天在校学习时间超过了国家规定标准，即扣除课间休息时间，按 9 小时计算。严重的问题在于，20 多年过去，学习超时睡眠不足的现象不降反升。中国科学院心理研究所发布的 2020 版"心理健康蓝皮书"《中国国民心理健康发展报告（2019~2020）》显示：中国青少年睡眠不足现象继续恶化，95.5% 的小学生、90.8% 的初中生和 84.1% 的高中生的睡眠时长未达标。

不仅仅是学习超时睡眠不足，父母的高期望更是让孩子的成长雪上加霜。在这样的情况下，孩子不仅仅是

2000 年，在北京劳动人民文化宫为中学生做咨询

内动力丧失了很多，而且容易出现心理危机。连最基本的健康都受
到影响，这是极其严重的问题，所以国家强力采取"双减"政策，
就是为了保护未成年人的健康成长。

陶继新　有些家长让孩子少睡觉少锻炼而多学习，尽管学习
的时间多了，可是，学习的效率和质量低了。因为充足与高质量的
睡眠，可调节生理机能，维持神经系统的平衡，缓解疲劳，调节压
力，使人精力充沛，保持健康，提高学习效率。

孙云晓　家长关心孩子学业发展是好的，但家庭教育学校化和
知识化这个状况必须改变。自 2016 年 12 月 29 日在《中国教育报》
发表《新家庭教育宣言》以来，我一直在积极倡导家庭教育是生活

115

教育，呼吁让家庭教育回归与创造美好生活。我的观点是：家校合作的方向不是让家庭变成学校，而是让家庭更像家庭，因为富有魅力的家庭生活最有利于孩子的成长。实际上，让孩子拥有幸福美满的家庭生活，更能够激发孩子的内动力。

我在青岛讲课时，一位姓张的退休干部感慨地说，您讲到在苏州得出的在家吃早餐会影响孩子成绩的调查结论，我特别认同。我身高一米七，老伴一米六，儿子却一米八五，想来也是因为初中三年天天吃好早餐，甚至把早餐当正餐来吃。如今，儿子在读博士，身心都很健康。

我在《良好习惯缔造健康人格》一书中，专门写下第三章《良好的学习习惯比高分数更重要》、第四章《养成读书习惯等于在心里装了一台成长的发动机》。为什么会这样安排呢？因为学习是一个复杂的过程，既需要持续不断的努力，也需要触类旁通的练习，而这都依赖于良好习惯的养成。对于父母来说，辅导好孩子的每一门功课很难，却可以通过和孩子建立密切的关系，使其养成阅读的

2016 年出席"中国教育三十人论坛"，发表《新家庭教育宣言》

习惯，让孩子以积极稳定的情绪迎接每一天。毫无疑问，这就是父母真正的爱，这也是生活教育的智慧。可以说，这是家庭教育的大智慧，也是激发孩子内动力行之有效的好方法。

孩子在丰富多彩的生活体验与社会实践中最大的收获是什么？是在生活实践中发现自己，认识社会，看清楚人生发展的方向。

比方说我自己的体会，我第一次读文学名著时眼界大开，犹如荒漠中看到了绿洲。那时的我认为，这一辈子能够写一本书，就是最大的成功与幸福。结果我真的成为一个作家，出版了5部长篇小说、5部报告文学集。其中，报告文学集《16岁的思索》荣获全国优秀儿童文学奖，并且入选"百年百部中国儿童文学经典书系"。长篇儿童小说《金猴小队》被中国电视剧制作中心拍成8集同名电视剧在中央电视台播出，电视剧获得中国电视剧飞天奖。这些经历在《梦想是成长的发动机》一书里有详细介绍，在记叙个人成长经历的同时，我对孩子们成长的关键问题做出分析和提出建议。

我自己的成长经历就足以说明梦想的力量多么惊人。我们家很少有文化人，所以当我出了书，并且在中央电视台讲演，80多岁的老父亲感慨万千。我老父亲14岁从淄博桓台闯青岛当学徒，在青岛历尽坎坷定居下来。我讲这段经历是想说，虽然生活有许多不如意，但是一旦有美好的体验，就可能唤醒孩子，让孩子看到一个新世界，以强大的内动力执着追求。所以，孩子在儿童和青少年时代，最需要一些丰富多彩的体验。

陶继新 您有如此丰硕的成果，您的父亲感到欣慰与自豪也就在情理中了。显然，这与您儿童和青少年时代喜欢读书和拥有丰富的家庭生活有着内在的联系。

　　我在儿童时代读的书不多，尤其是读的名著很少。直到初中才开始读《三国演义》等，读得像着魔一样，还背诵了诸如《大雾垂江赋》《诸葛亮舌战群儒》等篇章，这大大提高了我的写作水平。

　　农村生活虽然非常苦，却丰富多彩，与小朋友在一起时的很多趣闻迄今还历历在目。记得小时候好多小孩子一起爬树比赛，在这方面我有着高超的技艺，几乎每次都是第一名。现代学前教育鼻祖福禄贝尔是这么说的："爬上一棵树对孩子来说，就像打开了一个崭新的世界！"诚哉斯言！对于儿童来说，那不只是一个崭新的世界，还是一个极其有趣的王国，因为可以通过不断达到更有高度的地方来试探自己的能力，挑战自我，建立自信心。遗憾的是，现在休说城里孩子，就是在乡村会爬树的儿童也很少了。

　　孙云晓　教育是一个让人获得幸福的事业，它是以幸福生活为追求目标的。学习自然是艰苦和寂寞的过程，厌学的人无法持之以恒。如果孩子有了内动力，内心喜欢不懈追求的话，虽苦犹乐。

　　陶继新　看来，要对家长进行"教育"，让他们真正懂得睡得好、锻炼好、读书好对孩子当下乃至未来生命质量的提升起着至关重要的作用。同时，要为孩子创设一个丰富多彩的家庭生活环境，让孩子乐在其中，感到幸福。

　　孙云晓　所以，父母不仅要真爱孩子，还要会爱孩子，从而让孩子有一个幸福的童年。

陶继新　现在还有一个问题，有不少孩子本身的主动性不强，那么，如何有效地培养孩子的主动性呢？

孙云晓　我在讲课的时候讲到孩子的主动性，将其解释为有兴趣、有爱好、有追求、有梦想等表现。有的父母就说，我这孩子什么兴趣都没有，什么优势也没有，怎么办？我说，任何一个孩子都有优势潜能，你之所以发现不了，可能是因为你的孩子缺少足够的体验。所以

2007 年，与广州的小学生在一起

说，父母的职责就是给孩子创造更多的体验机会。体验过程中孩子可能忽然发现这就是我喜欢做的事情，这是我能做好的事情。

孩子是在体验中长大的，我们不能代替孩子成长，更不能代替孩子体验。

陶继新 是的，不是孩子没有潜能，而是有的父母没有发现孩子的潜能，更没能有效地开发孩子的潜能，从而让孩子本来可以在某个方面取得很大成绩的可能性不复存在。

有这样一对年轻夫妇，都是 985 高校毕业的高才生，后来又在国外名牌大学读了博士后。两个学霸满心以为可以培养出一个小学霸，没想到儿子学习成绩很差，这令他们很是痛苦，甚至对孩子失去信心。后来他们慢慢地发现，儿子有很多别的孩子没有的优点。比如，他一直坚持锻炼，对父母非常孝敬，更可贵的是他厨艺了得，10 岁时就能做出一桌好菜。父母发现儿子除了学习成绩差之外，各个方面都出类拔萃，对他越来越喜欢，越来越信任，家庭也越来越幸福。他们悟出一个道理：人生的追求是幸福，现在不是因为有了这样一个儿子，更加幸福了吗？他们满心欢喜，全力支持儿子做他喜欢的事，认为将来他一定可以成为一位厨艺高超、诚以待人的厨师。

幸福比成功更重要，成人比成才更重要。

孙云晓 带孩子体验生活既需要智慧，更需要胆识。2024 年 9 月，我在成都市武侯区参加评选好家长的活动，见识到多位非凡的父母。例如，有一个妈妈 6 年来陪女儿到大森林里观鸟，从认识几种鸟到认识上百种鸟，包括了解鸟的习性、鸟的生活规律、鸟的诸多特点。在很多习惯"内卷"的人看来，这个妈妈的行为不可思议，学业压力这么大，却陪女儿观鸟6年。然而这个观鸟的女孩既亲近大自然，又从中发现学习规律，总结出4步循环学习法，学习成绩很好。

母女观鸟这个案例说明什么呢？说明这是一种积极的体验，也是一个研究性学习的过程。女孩认识那么多鸟，充满了幸福、快乐和成就感，同时养成专心致志、细心观察、刨根问底一系列的好习惯，而这些品质与学习是息息相通的。我大为赞叹，评价说这就是强大的父母，能够给孩子丰富多彩的体验机会，是与儿童真正友好的父母。

好父母一定是有远见的父母，会拓宽孩子的世界，让他有全新的体验，因为每个人都特别需要直接的生活经验。我经常担忧，许多孩子缺少生活经验和社会实践能力，这将可能成为其人生发展的短板甚至是致命伤。

上海闸北八中的成功教育成就了许多所谓的"差生"。在《成功智力——比智商更重要的潜能》一书里，我专门写了《唤醒孩子心中沉睡的巨人》一节，讲述了打架很厉害的孩子楚庆生的故事。楚庆生学习成绩很差，却是上海武术比赛个人基本功少年组冠军。刘京海校长怎么激励他呢？刘校长对他说，你一身武艺，如果能够保卫国家、保卫人民，一定会有很大的贡献。现在有个机会，你如果努力学习，学校可以推荐你报考警校。楚庆生听了激动万分，说自己最大的梦想就是当人民警察。他开始拼命地学习，晚上也补课，他爸爸很惊讶，儿子居然能坐得住了，真是太阳从西边出来了。后来，楚庆生真的成为一名人民警察。我去采访的时候，约他来学校见一面，他虎虎生威地走过来。当问及他当警察的感受，他说现在管着七八十个犯人，在牢房外执勤时经常想，要不是闸北八中的成功教育，自己可能就在里边了。

陶继新　扬其所长，就能发挥人的内在潜能，并让其有更好的发展。

奥运会冠军全红婵在体校时学习成绩不好，在课堂上，她不怎么举手发言。但是在跳水方面，全红婵是一个天才，弹跳出色，柔韧性好，爆发力强，手型很适合压水花。班主任刘沛华老师认为，每个人的天赋不一样，并且肯定地说学习成绩不会影响她的绽放，她一定会把最美最强的一面展示出来。

同样，成绩不是父母衡量孩子成才的唯一标准，对于孩子的天资所在，父母要给予充分的信任与支持。如此而为，孩子会健康发展，家庭也会更加和谐。

孙云晓　由此可见，孩子都是有潜能的，关键是怎么给激发出来，让孩子认识自己、发现自己、相信自己，从而有内动力。

四、培养孩子的自制力

陶继新 您不仅谈到启动孩子内动力的重要性，还谈到自制力对孩子发展也起着举足轻重的作用。那么，怎样才能更好地培养孩子的自制力呢？

孙云晓 相对来说，培养自制力比培养主动性难一些，但也有很多种方法，并且已经有许多父母创造出可以借鉴的成功经验。比方说，坚持运动就是培养自制力的一个很有效的方法，因为运动一定要克服困难，一定要坚持，一定要有毅力，还需要遵守规则。

陶继新 运动确实对培养人的自制力起着重要的作用，我自己就有这方面的体验。我曾住在一个离露天游泳池不远的小区，只要不出差，我每天早晨都去游泳。冬泳我就坚持了八年。早晨先把冰砸开，再用长长的绳子把冰"驱逐"到边上才能开始游泳。在冰凉的水里游一段时间后，还要用凉水冲洗。没有一定的自制力，是不可能坚持冬泳的。正是冬泳让我不太害怕寒冷的天气，也很少感冒。后来住的小区离游泳池远了，就开始登山。山上的松柏一年四季郁郁葱葱，空气也格外清新，每次登山我都倍感享受。

孙云晓 培养自制力还可以借助于遵守规则，家有家规，班有班规，校有校规，时时处处都要遵守规则。

比方说零花钱的管理，这就是个培养自制力很有效的方法。有些父母是要多少给多少，或者高兴了多给生气了不给，给了就可以随便花，这就难以培养孩子的自制力。

在我与李文道博士合著的《好好做父亲》一书中介绍，洛克菲勒非常注意培养孩子的自制力。他按照年龄每周给孩子发零花钱，七八岁时给 30 美分，十一二岁给 1 美元，12 岁以上给 2 美元。他还给每个孩子发一个小账本，要他们记清每笔支出的用途，领钱时交爸爸审查。钱账清楚、用途正当的，下周可以递增 10 美分，反之则递减。同时与孩子签订《14 条零用钱备忘录》，其中有一条规定就是，用于储蓄的部分不得少于 20%，用于做慈善的部分也不得少于 20%，剩下的钱可以自由支配，而且有零花钱之后，不许跟家里任何人借钱或要钱。总而言之，有一系列的具体规则。大家想想看，洛克菲勒的孩子拿到的零花钱不多，却有这么多的规矩，这不就是在培养自制力吗？俗话说"富不过三代"，实则是家教家风的建设问题，并且与自制力的培养密切相关。

陶继新 控制孩子的零花钱，对其自制力的培养起着非常重要的作用。我外孙女很小的时候，每到超市，总有几样喜欢的东西要买。可是，大女儿告诉她，每次只能买一样，不能太贵。开始的时候，孩子有点儿不满意，可时间一长，便习以为常了，由此养成了勤俭节约的好习惯。现在上了大学，她从不乱花钱，超过 100 元的衣服都不舍得买。正是有了自制力，在很多方面，她都有了比较好的发展。

孙云晓　实际上，父母有很多办法来培养孩子的自制力，管理尤其重要，包括每天有规律的生活。

陶继新　您所说的这些事，有的人也许认为都是小事，其实，对于自制力的培养，却起着至关重要的作用。

孙云晓　孩子从小具备了自制力，不但当下学习好，这种自我约束的能力会对其一生的发展起着很大的影响，要知道许多青少年犯罪往往是从行为失控开始的。

五、解决孩子兴趣特长与父母期望不一致的方略

陶继新 有的孩子的兴趣特长和父母的期待不一致，该怎么办呢？

孙云晓 关于这个问题，原则上要理解和尊重孩子的兴趣与选择，只要孩子的兴趣是正当的，都应该给予支持。

因为尊重孩子的兴趣爱好，他才有内动力，才会积极探索。但这里面有一个问题，孩子确实在某个时候有一种兴趣，后来经过一段探索之后放弃了，或者转移了，这是正常的。因为经过探索，他觉得这个不适合自己，他有了更好的选择，这是可以理解的。

所以说，让孩子进行多种尝试更为重要。比方说，当面对升学择业的时候，孩子确实对社会了解不多，这个时候父母给予支持的方式就是可以请相关人士给孩子做一些分析，或者让孩子到有关的场所去体验一下，看看到底适合不适合自己。孩子的潜能优势是可以通过体验来验证和分析的。

陶继新 有的家长不考虑孩子的兴趣特长，一旦发现与自己的期待相悖，就勃然大怒并大加阻挠。这样，不但压抑了孩子的兴趣，还会伤了孩子的心。

遇到这种不一致的情况时，家长首先要冷静下来，认

真分析孩子的兴趣特长，如长期培养，对其成长是利大于弊还是弊大于利，然后再跟孩子交心相谈，让孩子感到家长全然是为自己着想，在对父母心存感激的时候，进而考虑自己的兴趣特长的意义和价值。如此，不但不会导致矛盾的产生，还会让孩子对自己的事情更有主见。

孙云晓 儿童要有参与权。建立家庭会议制度有助于解决许多家庭问题，对孩子成长非常有利。

我在《教育的魅力在生活》一书里，介绍了苏州科技城实验小学指导家庭生活教育的经验。例如，有个女孩问妈妈家里能不能养只猫。妈妈被猫抓过，特别害怕猫，但是女儿有兴趣，不能够简单地拒绝，就开家庭会议来解决。关于养猫的问题开了三次家庭会议，讨论为什么要养猫，养什么猫，谁来养，怎么养等问题。最后全家达成协议，可以养，但要分工，妈妈负责每周一、三、五，女儿负责每周二、四、六，要给猫铲屎、洗澡。这时候，女儿的眼睛都直了，她原来以为自己只要回家撸猫就行了，现在还要铲屎。但是，家庭会议确定的原则是责权利统一，每个家庭成员得有责任，女儿也就接受了。

通过这个小事大家可以看出来，实际上家庭会议有利于解决家庭的许多问题。慎重对待孩子的兴趣，既满足孩子的正当需求，也引导孩子承担应尽的责任，这对家庭建设与孩子成长是有益的。尤其可贵的是，为儿童参与提供了制度保障。

陶继新 开家庭会议是解决分歧非常好的一种方式。另外，孩子尤其是青春期的孩子意见与父母不合时，也要心平气和地向父母陈述自己的想法，并力争得到父母的认可与支持；即使暂时得不到父母的理解，也不必争得面红耳赤，而应当理解与谅解父母，乃至最终得到他们的支持。

我决定参加高考时，父母很不同意。他们认为没有了我这个劳力，全家挣的工分少了，分的粮食也就少了，吃不上饭了怎么办。我就跟父母说，得让我试试啊！考不上，我就安心在家干活；考得上，我就报考师范类大学，不用花家里的钱，毕业后会有固定的工作，也能帮助大家庭。

父母最终同意我参加高考，而且对我考取大学也抱了一定的希望。所以当我收到录取通知书的时候，他们十分开心，夸我有远见。

孙云晓　21世纪是两代人相互学习、共同成长的世纪。生活在这样一个时代，孩子也要学会陈述自己的需求与见解，要学会与父母好好沟通，这是一种很重要的能力。所以，国际社会积极倡导提升孩子的社会情感能力，这种能力比智商更重要。

关于家庭生活的魅力，我在《教育的魅力在生活》一书里，专门介绍了"坚持60多年的家庆"。文彦一家自1957年开始设立"家庆日"，即以父母的结婚纪念日为"家庆日"，至今已经传承60多年。这家兄弟姐妹多，都把"家庆日"视为特别重要的节日，每到这一天都要回到父母身边庆贺，回忆爸爸妈妈的爱情故事，回忆每个人的成长历程。为了能够经常交流，他们还办了家报，及时反映家庭成员的信息。我觉得这是一个生活教育非常典范的做法。家一定要温暖，一定要强大，一定要充满魅力。

陶继新　我曾采访过山东省乐陵市实验小学教育集团校长李升勇，他引导家长召开"除夕家庭会议"，让家长和孩子和谐地交流起来。

开始，不少家长很不理解这个会议，李校长便对他们耐心解释：孩子的表现、学习成绩，当然与学校教育有关，但也与家庭教育不可分割。平时家长大多忙于生计，很少能静下心来和孩子交流，更没有如此庄重的家庭会议。对于这个活动，家长、孩子都要提前准备，孩子要汇报一年来的成绩、不足以及明年的目标与计划，家长要有针对性地进行评说；孩子要谈自己的内心想法，并得到家长的理解与支持。这样一解释，不少家长恍然大悟，感到学校为了孩子的成长煞费苦心，便为开好会议认真准备。家长发现，准备越充分，仪式感越强，会议效果就越好。以前天天在孩子面前说个没完，可孩子似听非听，还心生反感，可在这个会上，孩子一下变了，对于自己的学业和生活所思讲得头头是道，而且极其诚恳。有的家长说，开会之后孩子好像脱胎换骨一样。同时，学校通过学校宣传栏、电视台等对典型案例进行宣传。

李校长认为，学校与家庭形成教育合力，才能把孩子教育好。要实现更好的效果，就要创设一种优质的教育场，除夕家庭会议，就是一个优质的教育场，久而久之会升华成一种文化，既教育了孩子，也教育了家长。如此循环往复，这个育人文化场就有了精神的光芒，沐浴在这个场里的孩子，自然也就获得更好的教育。

孙云晓　您的优秀案例总是充满了能量。特别感谢陶老师，与您的对话使我第一次较为系统地阐述自己的教育思想。教育名家成尚荣先生曾经评价说："'孙云晓教育作品集'以现代视角聚焦家庭教育，构建了新的家庭教育体系。"在我们的对话中，突出了家庭教育要以生活教育为本，以理性爱建构温暖的亲子关系，在生活实践中激发孩子的内动力，养成良好习惯，培育健康人格等重大主题。尤为可贵的是，您以广博的学识和经典的案例对诸多教育思想给予了极为生动、深刻的诠释。当然，我们的对话更重要的参与者是读者朋友，我们期待读者朋友以自己的亲身实践来回应新时代教育的挑战。

陶继新 孙老师，与您的对谈，不仅给我，也给所有的家长有益的启示。

"好的生活就是好的教育"立意深远，切中家庭教育之要。当父母将餐桌上的碗筷、窗外的四季化作教材，就教会孩子用劳动丈量责任，用挫折锤炼韧性，让每个日常细节成为塑造人格的砖石。

理性爱要求父母既做温暖的港湾，又要当清醒的舵手，在自由与规则间找到平衡：既不过度干预压抑孩子天性，也不放任自流消解成长责任。

之所以说良好习惯缔造健康人格，是因为孩子的规律作息、不懈学习、定期运动等日常行为，通过日积月累才能形成稳定的模式。这些习惯不仅改善生活质量，更在潜移默化中塑造坚韧、乐观的人格特质，为个人成长奠定坚实基础。

要想构建和谐的亲子关系，父母就要以真诚沟通替代说教，倾听孩子的想法；尊重差异，接纳孩子的个性与选择；保持适当边界，在关爱中培养孩子的独立性。双向理解与包容方能营造温暖有爱的家庭氛围。

家长帮助孩子树立梦想至关重要，梦想如灯塔，为成长指明方向，激发内在动力。梦想让孩子在探索中保持热情，面对挫折时拥有坚持的勇气，是孩子突破自我、实现蜕变的永恒动力。

相信这本《家教之道》会得到广大家长的喜爱，并惠及他们的孩子。

动念用对话的方式著述"教育家精神传习录"的时候，就决定选一位在家庭教育方面具备教育家精神的名家。

此前，我出版过几本家庭教育著作，对家庭教育同好有一定的了解。如果选其一的话，孙云晓先生是不二人选。

孙云晓先生任中国青少年研究中心研究员、中国家庭教育学会副会长、教育部基础教育家庭教育指导专业委员会副主任等几十年间，对于全国的家庭教育理念和动态，进行了持续而又深入的跟踪和研究。他在大量的调研、访谈、讲学互动和采访写作中，积累了极其丰富的第一手家庭教育案例。而且，他还出版了不少文学作品，是一位真正意义上的作家。他的作品与讲座，既有高屋建瓴的理论厚度，又有让人为之心动的鲜活故事。毋庸讳言，能如此集众妙于一身者，在整个中国家庭教育界，虽不能说绝无仅有，至少也是"几希矣"。

其实，早在近 30 年前，我就读过孙先生的作品，听过他的家庭教育讲座，那时便对其敬仰有加、佩服不已。

2022 年 4 月采访孙先生并观看他提供的视频之后，我便撰写了一篇 8 000 余字的《孙云晓：家庭教育的主体内容是生活教育》，并收入我于 2022 年 8 月由济南出版社出版的《好家教成就好未来》一书中。令我欣喜的是，孙先生又将此文收入到他出版的新书之中。

2023 年 7 月 27 日下午，在第 31 届全国图书交易博览会 8 号报告厅，我应邀为孙云晓家庭教育讲座作了主持，不仅对他的精彩之讲即兴予以高度的评价，同时，再次表达了由衷的敬佩之意。

此后，我对他的关注就愈发多了起来，不仅拜读他的著作，还会在网上看他的视频或文章。关注愈多，了解愈多，对孙先生家庭教育思想也就有了更多的了解，于是，一个家庭教育家的形象便逐渐矗立在我的眼前。

2024 年 11 月初，我将与其对话并出书的想法与孙先生通话后，得到了积极而热情的回应，并决定在 11 月 10 日于他家中进行现场对话。

适值孙先生关于家庭教育的 5 卷本"孙云晓教育作品集"出版不久，他便根据这 5 本书的核心内容撰写了对话提纲。

看了对话提纲，我激动不已：一是据此对话而整理、出版成书，能够很好地体现孙先生家庭教育的核心思想；二是我几十年来在全国采写的大量家庭教育方面的典型以及由此折射出来的家教理念，又与其有不谋而合之妙。

11 月 10 日早饭后，在孙先生的家里，我便与孙先生坐在一起，自然而然地展开对话。山东教育出版社周红心主任现场听讲，山东教育出版社阎鹏程全程录像，这让我们的对话又增添了一抹庄严感。

需要说明的是，庄严只是一种外在形态，并没有让我们格外严肃起来。相反，自始至终，一天的对话过程堪称行云流水。孙先生的智慧之言，往往点燃我的思维火花；我所讲的某些案例与观点，也不时得到他的呼应。所以，笑声常常轻松而又和谐地绽放出来，让对话又多了一些情趣与美妙。

孙先生多次情不自禁地慨叹我们的对话称得上"珠联璧合"。而我何尝不是如此之想呢！这何止是一种思维和智慧的碰撞，它还是一种心灵放飞与精神愉悦之旅。

半个世纪来，孙先生一直行走在儿童教育和家庭教育之路上。他谈家庭教育，不是挖空心思而讲，而有信手拈来之美，还给人水到渠成的感觉。

另外，一个意外的收获，就是我们不仅对话出了一本著作，而且增进了了解，加深了友谊。这让我想起孔子的高足曾子之言："以文会友，以友辅仁。"有此"益友"，真乃三生有幸也。

陶继新

2025 年 1 月 15 日于济南